French

여행 프랑스어

❶ 미리 보는 책

2주만 준비해도 다 통한다!

미리 보는 실제 상황으로

더 완벽한 여행을 준비한다!

문주(파리지앙 2세) 지음

여행 프랑스어 무작정 따라하기

THE CAKEWALK SERIES : TRAVEL FRENCH

초판 발행 · 2024년 7월 7일

지은이 · 문주(파리지앙 2세)
발행인 · 이종원
발행처 · (주) 도서출판 길벗
브랜드 · 길벗이지톡
출판사 등록일 · 1990년 12월 24일
주소 · 서울시 마포구 월드컵로 10길 56(서교동)
대표전화 · 02)332-0931 | **팩스** · 02)323-0586
홈페이지 · www.gilbut.co.kr | **이메일** · eztok@gilbut.co.kr

기획 및 책임편집 · 박정현(bonbon@gilbut.co.kr) | **표지 디자인** · 강은경 | **제작** · 이준호, 손일순, 이진혁
마케팅 · 이수미, 장봉석, 최소영 | **영업관리** · 김명자, 심선숙 | **독자지원** · 윤정아

본문 디자인 · 박수연 | **전산편집** · 도설아 | **한국어 교정** · 정민애 | **프랑스어 감수** · 노민주 | **일러스트** · 정윤성
녹음 및 편집 · 와이알미디어 | **인쇄** · 정민 | **제본** · 정민

ISBN 979-11-407-0993-9 03760 (길벗 도서번호 301047)
© MOON JOU, 2024
정가 15,000원

작가의 말

"안뇽하세요?"라고 말하는 외국인을 떠올려보세요!

Bonjour à tous ! (여러분 안녕하세요!)

유튜브에서 〈파리지앙 2세〉 채널을 운영하고 있는 문주라고 합니다. 저는 파리에서 나고 자란 한국계 프랑스인입니다. 한국인 부모님의 영향으로 어릴 때부터 한국에 애정이 많았고, 사실 유튜브도 파리에 놀러 온 한국인 관광객을 위해 시작했어요. 그랬던 제가 이렇게 여행 프랑스어 책을 통해 여러분을 만나게 되어 정말 기쁩니다!

이 책을 읽고 계시다면 프랑스 여행을 준비 중이실 텐데요. 설레기도 하지만, 한편으로 걱정도 되지 않으세요? 그 이유 중 하나는 언어라고 생각해요. 프랑스에서 영어를 하면 싫어한다는 이야기도 있고요. (사실 프랑스 사람들이 영어를 잘 못해서 그래요!) 그래서 이 책을 펼친 여러분이 정말 대단하다고 생각해요. 요즘은 번역기가 있지만, 어느 나라든 현지의 언어를 조금이라도 한다면 그 여행은 달라지거든요.

예를 들어 외국 사람이 서툰 한국어로 "안뇽하세요?"라고 말을 거는 모습을 상상해보세요. 신기하고 흐뭇하고, 그 사람한테 정이 가지 않을까요? 특히나 모국어에 자부심이 강한 프랑스 사람들은 외국인 관광객이 영어가 아닌 프랑스어를 쓰면 더욱 반가워 해요. 그리고 프랑스 사람에게 도움을 요청할 때 프랑스어로 한다면 어떨까요? 아마 조금 더 챙겨줄 거예요. 발음이 완벽하지 않을까 봐 너무 걱정하진 마세요. 외국인인 여러분이 프랑스어를 하려는 것만으로도 분명 호감을 가지고 볼 겁니다.

이 책에는 어렵지 않으면서도 자연스러운 프랑스어 문장을 담았습니다. 최소한의 패턴만 사용했고, 최대한 짧은 문장을 넣어서 기억하기 어렵지 않을 거예요! 그뿐만 아니라 책 구석구석 프랑스 여행 꿀팁도 넣었는데요. 여행에 도움이 된다면 바랄 게 없겠네요. 프랑스 여행을 설렘 속에 기다리고 계신 여러분, 약간의 프랑스어로 더욱 특별하고 알찬 여행을 하시길 바랄게요!

C'est parti !
(갑시다!)

문주

여행 프랑스어 무작정 따라하기 일러두기

01 미리 보는 책

여행 프랑스어를 미리 학습해보고 싶은 분께 추천합니다. 실제 상황을 고려해 더욱 풍성한 표현을 배울 수 있습니다.
2주 코스로 공부해 보세요. 당신의 여행이 달라집니다.

출국부터 귀국까지!

기내·공항·교통·호텔·길
거리·카페·빵집·식당·쇼
핑·관광·위급 상황별로 꼭
필요한 핵심표현만 담았습
니다.

**20개 패턴으로
빈틈없이!**

최소한의 패턴으로도 여행
중 할 수 있는 거의 모든 말
을 할 수 있습니다!

**38개 상황으로
든든하게!**

앞에서 학습한 패턴을 실
제 상황에서 어떻게 쓰는
지 상황별로 연습합니다.

**실제로 주고받는
표현들을 정리!**

내가 하는 말뿐만 아니라,
듣는 말까지 입체적인 학
습이 가능합니다.

02 가서 보는 책

언제 어디서나 참고할 수 있는 활용편입니다. 여행 관련 전반적인 정보와 장소별로 많이 쓰는 프랑스어를 담았습니다. 필요한 정보만 쏙쏙 골라 담아, 여행 내내 유용하게 활용하세요.

해외여행이 처음이라도 걱정마세요!

여행할 때 꼭 알아야 할 주의 사항과 입국 시 필요한 사항을 정리했습니다.

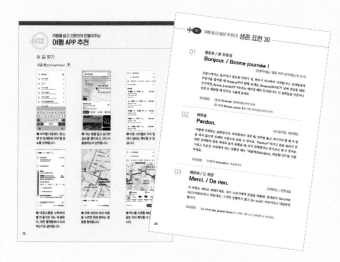

여행을 편리하게 해주는 APP 소개!

여행할 때 유용한 애플리케이션과 활용법을 소개합니다.

꼭 쓰게 되는 생존 표현 30개!

필수 표현 30개를 엄선하여 일목요연하게 정리했습니다.

모든 상황이 한 권에!

 기내 공항 교통 호텔 길거리 카페·빵집 식당 쇼핑 관광 위급

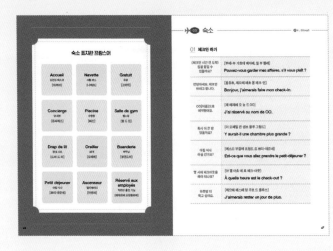

표지판 프랑스어

장소별로 꼭 있는 표지판의
의미를 알아 보세요.

핵심 표현

장소별 핵심 문장이 모여
있어서 바로 찾아 말할 수
있습니다.

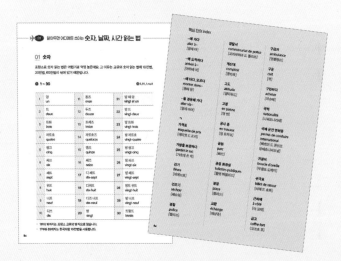

부록

숫자, 날짜, 시간, 색깔, 사
이즈, 반의어 표현을 정리
했습니다.

인덱스

프랑스 여행 핵심 단어를
가나다 순으로 정리했습니
다.

Table of contents

목차

PART 2

실전에서는
이렇게 쓰자!
실제 상황 38

PART 1

이것만은 알고 가자! 핵심 패턴 20

🎧 MP3 듣기

Pattern

Madame · Monsieur [마담 · 므씨유]

마담 · 무슈

예의를 갖추는 프랑스어 표현 중에 가장 간단한 방법을 소개해 드릴게요. 말 앞이나 뒤에 madame[마담] 또는 monsieur[므씨유]를 붙여서 말해 보세요. 우리말로 하면 '선생님' 정도의 뉘앙스인데요, 예의와 존중을 담아 상대방을 부를 때 사용할 수 있습니다. 상대방이 여성이면 madame, 남성이면 monsieur입니다.

01 ✈	(남성에게) 여기는 제 자리입니다.	Monsieur, c'est mon siège. [므씨유, 쎄 몽 씨에즈]
02 ✈	(남성에게) 화장실에 가시는 건가요?	Allez-vous aux toilettes, monsieur ? [알레-부 오 뚜왈레뜨, 므씨유]
03 ✈	(남성에게) 제 자리를 좀 그만 치시면 안 될까요?	Monsieur, pouvez-vous arrêter de taper mon siège ? [므씨유, 뿌베-부 아헤떼 드 따뻬 몽 씨에즈]
04 🚻	(여성에게) 네.	Oui, madame*. [위, 마담]
05 🚻	(여성에게) 안녕히 계세요.	Au revoir, madame. [오 흐봐, 마담]
06 🚻	(남성에게) 먼저 가세요.	Après vous, monsieur. [아프레 부, 므씨유]
07 🚻	(여성에게) 정말 감사합니다.	Merci beaucoup, madame. [멕씨 보꾸, 마담]

* 예전에는 미혼 여성을 마드무아젤(Mademoiselle)이라고 불렀는데, 최근에는 결혼 여부에 상관 없이 마담(Madame)이라고 부르는 편입니다.

기내　공항　교통　호텔　길거리　카페·빵집　식당　쇼핑　관광　위급

엘리베이터를 기다려 준 남성에게

A: Merci, monsieur ! [멕씨, 므씨유]　　　　　　　(남성에게) 감사합니다.

B: De rien. [드 히앙]　　　　　　　　　　　　천만에요.

08	(남성에게) 괜찮습니다.	Je vais bien, monsieur. [즈 베 비앙, 므씨유]	
09	(남성에게) 도와주셔서 감사합니다.	Merci pour l'aide, monsieur. [멕씨 뿌흐 레드, 므씨유]	
10	(여성에게) 이건 제 커피입니다.	Madame, c'est mon café. [마담, 쎄 몽 까페]	
11	(남성에게) 기다려주세요.	Attendez, monsieur. [아떵데, 므씨유]	
12	(여성에게) 줄을 서셔야 해요!	Madame, vous devez faire la queue ! [마담, 부 드베 페흐 라 끄]	
13	(여성에게) 정말 죄송합니다.	Je suis vraiment désolé, madame. [즈 쒸 브헤멍 데졸레, 마담]	
14	(여성에게) 조심하세요.	Madame, Attention ! [마담, 아떵씨옹]	

~, s'il vous plaît

[씰 부 쁠레]

~ 부탁합니다.

s'il vous plaît[씰 부 쁠레] 또한 예의 표현입니다. 영어로 하면 "Please."인데요. 애걸복걸 매달리는 "제발"이 아니라 "~해 주세요"라는 뉘앙스이니 편하게 사용하세요. 여러분이 원하는 음식이나 물건 뒤에 붙이면 됩니다. 또는 무언가를 부탁하는 말을 마친 뒤, s'il vous plaît를 덧붙이면 더욱 정중한 표현이 됩니다.

01	오렌지 주스 부탁합니다.	Jus d'orange, s'il vous plaît. [쥬 도헝즈, 씰 부 쁠레]
02	물 부탁합니다.	De l'eau, s'il vous plaît. [들로, 씰 부 쁠레]
03	앞 자리로 부탁합니다.	Siège avant, s'il vous plaît. [씨에즈 아벙, 씰 부 쁠레]
04	에펠탑까지 부탁합니다.	À la Tour Eiffel, s'il vous plaît. [아 라 뚜흐 에펠, 씰 부 쁠레]
05	티켓 두 장 부탁합니다.	Deux billets, s'il vous plaît. [드 비예, 씰 부 쁠레]
06	엘레베이터랑 가깝지 않은 방으로 부탁합니다.	Pas à côté de l'ascenseur, s'il vous plaît. [빠 아 꼬떼 드 라썽써, 씰 부 쁠레]
07	바게뜨 반 개 부탁합니다.	Une demi baguette, s'il vous plaît. [윈 드미 바게트, 씰 부 쁠레]

기내 공항 교통 호텔 길거리 카페·빵집 식당 쇼핑 관광 위급

기내식을 선택할 때

A: Du poulet ou du bœuf ? [듀 뿔레 우 듀 뵈프] 닭고기로 드릴까요, 소고기로 드릴까요?

B: Du poulet, **s'il vous plaît.** [듀 뿔레, 씰 부 쁠레] 닭고기로 부탁합니다.

08	카페 알롱제* 두 잔 부탁합니다.	Deux cafés allongés, s'il vous plaît. [드 꺄페 알롱제, 씰 부 쁠레]
09	맥주 한 잔 부탁합니다.	Un demi, s'il vous plaît. [앙 드미, 씰 부 쁠레]
10	메뉴판 부탁합니다.	Le menu, s'il vous plaît. [르 므뉴, 씰 부 쁠레]
11	계산서 부탁합니다.	L'addition, s'il vous plaît. [라디씨옹, 씰 부 쁠레]
12	(손으로 가리키며) 이거 한 개 부탁합니다.	Un comme ça, s'il vous plaît. [앙 꼼 싸, 씰 부 쁠레]
13	영수증도 같이 부탁합니다.	Avec le ticket, s'il vous plaît. [아벡 르 띠께, 씰 부 쁠레]
14	성인 2명, 아동 1명으로 부탁합니다.	2 adultes, 1 enfant, s'il vous plaît. [드자둘트, 아넝펑, 씰 부 쁠레]

* 카페 알롱제는 아메리카노와 가장 비슷한 커피 메뉴예요.

Excusez-moi, où est/sont~?

[에쓰뀨제-봐, 우 에/쏭]

실례합니다. ~은 어디에 있나요?

Excusez-moi[에쓰뀨제-봐]는 "저기요", "실례합니다", "미안합니다"라는 뜻입니다. 처음 말을 걸 때 주로 써요. où[우]는 '어디에'라는 뜻으로 무언가를 찾을 때 쓰는 표현입니다. 찾으려는 것이 단수 명사면 où est[우 에]를, 복수 명사면 où sont[우 쏭]을 사용합니다. 참고로 화장실은 les toilettes[레 뚜왈레뜨]로 복수형이니 주의하세요.

01	실례합니다. 공항버스는 어디에 있나요?	Excusez-moi, où est la navette d'aéroport ? [에쓰뀨제-봐, 우 에 라 나베뜨 다에호뽀]
02	실례합니다. 지하철은 어디에 있나요?	Excusez-moi, où est le métro ? [에쓰뀨제-봐, 우 에 르 메트호]
03	실례합니다. 택시 정류장은 어디에 있나요?	Excusez-moi, où est la station de taxi ? [에쓰뀨제-봐, 우 에 라 쓰따씨옹 드 딱시]
04	실례합니다. (지하철) 출구는 어디에 있나요?	Excusez-moi, où est la sortie ? [에쓰뀨제-봐, 우 에 라 쏘띠]
05	실례합니다. 코인 라커는 어디에 있나요?	Excusez-moi, où sont les casiers ? [에쓰뀨제-봐, 우 쏭 레 까지에]
06	실례합니다. ATM은 어디에 있나요?	Excusez-moi, où sont les distributeurs de billets ? [에쓰뀨제-봐, 우 쏭 레 디스트리뷰터 드 비예]
07	실례합니다. 콘센트는 어디에 있나요?	Excusez-moi, où est la prise électrique ? [에쓰뀨제-봐, 우 에 라 프리즈 엘렉트릭]

기내　공항　교통　호텔　길거리　카페·빵집　식당　쇼핑　관광　위급

화장실을 찾을 때

A: Excusez-moi, où sont les toilettes ?
[에쓰뀨제-똬, 우 쏭 레 뚜왈레뜨]

실례합니다. 화장실은 어디에 있나요?

B: C'est à côté du comptoir. [쎄따 꼬떼 듀 꽁뚜아]

계산대 옆에 있습니다.

08	실례합니다. **화장실*은** 어디에 있나요?	Excusez-moi, où sont les toilettes ? [에쓰뀨제-똬, 우 쏭 레 뚜왈레뜨]
09	실례합니다. **엘레베이터는** 어디에 있나요?	Excusez-moi, où est l'ascenseur ? [에쓰뀨제-똬, 우 에 라썽써]
10	실례합니다. **신상품은** 어디에 있나요?	Excusez-moi, où est la nouvelle collection ? [에쓰뀨제-똬, 우 에 라 누벨 꼴렉숑]
11	실례합니다. **안내 데스크는** 어디에 있나요?	Excusez-moi, où est l'accueil ? [에쓰뀨제-똬, 우 에 라꿰이]
12	실례합니다. **방브 시장은** 어디에 있나요?	Excusez-moi, où est le marché de Vanves ? [에쓰뀨제-똬, 우 에 르 막셰 드 방브]
13	실례합니다. **약국이** 어디에 있나요?	Excusez-moi, où est la pharmacie ? [에쓰뀨제-똬, 우 에 라 파흐마씨]
14	실례합니다. **경찰서가** 어디에 있나요?	Excusez-moi, où est la police ? [에쓰뀨제-똬, 우 에 라 뽈리쓰]

* 파리에서 깨끗한 무료 화장실을 찾기 쉽지 않습니다. 가장 쉬운 방법은 카페의 화장실을 이용하는 것입니다. 대신 음료 주문도 하는 것이 좋습니다.

17

J'aimerais~

[제므헤]

~주세요. / ~하고 싶어요.

무언가를 요청할 때 부드럽게 전달할 수 있는 표현입니다. 영어의 I'd like~와 비슷해요. 문장 끝에 "씰 뿌 블레(s'il vous plaît, 부탁합니다)"를 붙여서 마무리하면 더 매너있는 요청 표현이 됩니다.

01	와인 한 잔 주세요.	**J'aimerais un verre de vin.** [제므헤 앙 베흐 드 방]
02	지하철 노선도 한 장 주세요.	**J'aimerais une carte de métro.** [제므헤 윈 꺅뜨 드 메트로]
03	표를 변경하고 싶어요.	**J'aimerais changer de ticket.** [제므헤 성제 드 띠께]
04	제일 빠른 기차를 타고 싶어요.	**J'aimerais prendre le train le plus rapide.** [제므헤 프헝드 르 트항 르 쁠뤼 하삐드]
05	창가 쪽 자리로 주세요.	**J'aimerais côté couloir, s'il vous plaît.** [제므헤 꼬떼 꿀롸, 씰 부 쁠레]
06	안녕하세요. 체크인 하고 싶어요.	**J'aimerais faire mon check-in.** [제므헤 페흐 몽 체크-인]
07	하룻밤 더 묵고 싶어요.	**J'aimerais rester un jour de plus.** [제므헤 헤스떼 앙 주흐 드 쁠루쓰]

기내　공항　교통　호텔　길거리　카페·빵집　식당　쇼핑　관광　위급

스테이크 곁들이 메뉴를 주문할 때

👩 **A: J'aimerais** une pomme de terre. [제므헤 윈 뽐 드 떼흐]　(구운) 감자를 주세요.

🧑 **B: Ok. Vous pouvez choisir un autre accompagnement.** [오께. 부 뿌베 쇼아지 앙 오트흐 아꽁빠뉴멍]　알겠습니다. 곁들이 메뉴 한 가지 더 선택하실 수 있어요.

08	오렌지 주스 한 잔 주세요.	J'aimerais un jus d'orange. [제므헤 앙 쥬 도헝즈]
09	여기서 제일 맛있는 음식을 먹고 싶어요.*	J'aimerais prendre le meilleur plat ici. [제므헤 프헝드 르 메여흐 쁠라 이씨]
10	디저트를 시키고 싶어요.	J'aimerais commander un dessert. [제므헤 꺼멍데 앙 데쎄흐]
11	환불하고 싶어요.	J'aimerais me faire rembourser. [제므헤 므 페흐 헝부쎄]
12	이 상품 교환하고 싶어요.	J'aimerais échanger ce produit. [제므헤 에성제 쓰 프호뒤]
13	선물 포장을 하고 싶어요.	J'aimerais un emballage cadeau. [제므헤 앙 엉발라즈 까도]
14	자전거 한 대 빌리고 싶어요.	J'aimerais louer un vélo. [제므헤 루에 앙 벨로]

* 메뉴 추천을 받고 싶을 때 이렇게 말해보세요.

C'est~ [쎄] 그건 ~예요.

C'est pas~ [쎄 빠] 그건 ~이 아니에요.

c'est[쎄]는 가리킬 수 있는 정도의 거리에 있는 것을 지칭할 때 쓰는 표현입니다. 손으로 가리키면서 말하면 좀 더 명확히 의미를 전달할 수 있겠죠? 부정문을 만들고 싶다면 c'est[쎄] 뒤에 '아니다'라는 뜻인 pas[빠]를 붙이면 됩니다. c'est를 활용한 유용한 감탄사 표현도 같이 배워봅시다.

01		그건 내 자리예요.	**C'est ma place.** [쎄 마 쁠라쓰]
02		그건 내 캐리어예요.	**C'est ma valise.** [쎄 마 발리즈]
03		(주소/앱/지도를 보여주며) 그게 제가 가려는 곳이에요.	**C'est là où je vais.** [쎄 라 우 즈 베]
04		(영수증, 티켓을 보여주며) 여기요!	**C'est ici !** [쎄 띠 씨]
05		(누군가 사과할 때) 괜찮습니다.	**C'est pas grave.** [쎄 빠 그합]
06		(음식이나 물건이) 좋아요!	**C'est bon !** [쎄 봉]
07		완벽해요!	**C'est parfait !** [쎄 빠페]

기내 공항 교통 호텔 길거리 카페·빵집 식당 쇼핑 관광 위급

가방 주인 찾기

👤 **A:** À qui est ce sac ? [아 끼 에 쓰 싹]   이 가방은 누구 것입니까?

🚊 **B: C'est** à moi ! [쎄따 마]   제 거예요!

08 🍽	제일 인기 있는 메뉴가 뭔가요?	C'est quoi le plat favori ? [쎄 꽈 르 쁠라 파보리]
09 📺	이건 **제 스타일** 이에요.	C'est mon style. [쎄 몽 스띨]
10 📺	이건 **제 사이즈가** 아니에요.	C'est pas ma taille. [쎄 빠 마 따이]
11 💳	이거 얼마예요?	C'est combien ? [쎄 꼼비앙]
12 📷	이건 **엄마 (선물)용** 이에요.	C'est pour ma mère. [쎄 뿌흐 마 메흐]
13 📷	여기에서 먼가요?	C'est loin d'ici ? [쎄 로앙 디씨]
14 ⚠	제 거예요.	C'est à moi. [쎄따 마]

Puis-je~?

[뷔-즈]

~해도 될까요? / ~할 수 있을까요?

내가 무언가를 해도 되는지 상대에게 정중하게 허락을 구하거나 요청할 때 쓰는 표현입니다. puis[뷔]는 '할 수 있다'라는 뜻인 pouvoir 동사의 변형입니다. 짧고 간단하면서도 아주 예의있는 표현이지만 발음이 조금 어려운데요. "쀠이즈" 같은 느낌으로 한번에 발음해야 한답니다.

01 ✈	의자를 뒤로 젖혀도 될까요?	**Puis-je reculer mon siège ?** [뷔-즈 흐뀰레 몽 씨에즈]
02 ✈	나중에 먹어도 될까요?	**Puis-je manger plus tard ?** [뷔-즈 멍제 쁠루 따흐]
03 📋	수하물은 어디서 찾을 수 있을까요?	**Où puis-je trouver mes bagages ?** [우 뷔-즈 트후베 메 바가즈]
04 🎫	나비고 카드는 어디서 살 수 있을까요?	**Où puis-je acheter des cartes Navigo ?** [우 뷔-즈 아슈떼 데 꺅뜨 나비고]
05 🛏	여기에 제 짐을 둬도 될까요?	**Puis-je laisser mon bagage ici ?** [뷔-즈 레쎄 몽 바갸즈 이씨]
06 🚏	당신과 사진을 찍어도 될까요?	**Puis-je prendre une photo avec vous ?** [뷔-즈 프헝드 윈 포또 아벡 부]
07 🚏	지나가도 될까요?	**Puis-je passer?** [뷔-즈 빠쎄]

기내　공항　교통　호텔　길거리　카페·빵집　식당　쇼핑　관광　위급

커피를 주문할 때

A: Puis-je avoir un café, s'il vous plaît ?
[뷔-즈 아봐 앙 꺄페 씰 부 블레]

커피 주문해도 될까요?

B: Sur place ou à emporter ? [쒸흐 쁠라쓰 우 아 엉뽁떼]

여기서 드시나요? 가져가시나요?

08	따뜻한 물을 마실 수 있을까요?	Puis-je prendre de l'eau chaude ? [뷔-즈 프헝드 들로 쇼드]
09	다른 걸 볼 수 있을까요?	Puis-je voir autre chose ? [뷔-즈 봐 오트흐 쇼즈]
10	구경해도 될까요?	Puis-je regarder ? [뷔-즈 흐갸르데]
11	선물 포장 될까요?	Puis-je avoir un emballage cadeau ? [뷔-즈 아봐 앙 엉발라즈 꺄도]
12	면세 받을 수 있을까요?	Puis-je avoir la détaxe ? [뷔-즈 아봐 라 데딱쓰]
13	이걸 여기에 둬도 될까요?	Puis-je laisser ça ici ? [뷔-즈 레쎄 싸 이씨]
14	학생 할인 될까요?	Puis-je avoir une réduction étudiant ? [뷔-즈 아봐 윈 헤둑시옹 에뚜디엉]

Pouvez-vous~?

[뿌베-부]

~해주실 수 있나요?

상대방에게 무언가를 해줄 수 있는지 예의있게 물어볼 때 쓰는 표현입니다. 조금 더 공손하게 부탁을 하고 싶다면 "뿌히에-부(Pourriez-vous)"로 바꿔 말해보세요. pouvez[뿌베]와 pourriez[뿌리에] 모두 pouvoir(할 수 있다) 동사의 변형입니다.

01	저와 자리를 바꿔 주실 수 있나요?	Pouvez-vous changer votre siège avec moi ? [뿌베-부 셩제 보트흐 씨에즈 아벡 뫄]
02	도와 주실 수 있나요?	Pouvez-vous m'aider, s'il vous plaît ? [뿌베-부 메데, 씰 부 쁠레]
03	택시를 불러 주실 수 있나요?	Pouvez-vous appeler un taxi pour moi ? [뿌베-부 아쁠레 앙 딱시 뿌흐 뫄]
04	캐리어를 맡아 주실 수 있나요?	Pouvez-vous garder mes valises ? [뿌베-부 갸흐데 메 발리즈]
05	휴대폰 충전해 주실 수 있나요?	Pouvez-vous charger mon téléphone, s'il vous plaît ? [뿌베-부 샤흐제 몽 뗄레폰, 씰 부 쁠레]
06	테이블을 치워 주실 수 있나요?	Pouvez-vous nettoyer la table, s'il vous plaît ? [뿌베-부 네똬예 라 따블르, 씰 부 쁠레]
07	남은 것 포장해 주실 수 있나요?	Pouvez-vous m'emballer le reste ? [뿌베-부 멍발레 르 헤스트]

기내　공항　교통　호텔　길거리　카페·빵집　식당　쇼핑　관광　위급

상점에서

🧑 **A: Pouvez-vous** me donner un plus gros sac ?
[뿌베-부 므 도네 앙 쁠루 그호 싹]
더 큰 봉투를 주실 수 있나요?

🙋 **B: Bien sûr ! Est-ce assez ?** [비앙 쒸흐! 에-쓰 아쎄]
그럼요! 이거면 될까요?

08	추천해 주실 수 있나요?	**Pouvez-vous me conseiller ?** [뿌베-부 므 꽁쎄예]	
09	(사진을 보여주며) 이것을 찾아 주실 수 있나요?	**Pouvez-vous me retrouver ça ?** [뿌베-부 므 흐투흐베 싸]	
10	저 사진 좀 찍어 주실 수 있나요?	**Pouvez-vous me prendre en photo?** [뿌베-부 므 프헝드 엉 포또]	
11	어디에서 표를 사는지 알려 주실 수 있나요?	**Pouvez-vous me dire où acheter les billets ?** [뿌베-부 므 디흐 우 아슈떼 레 비예]	
12	(번역기 앱을 보여주며) 여기에 써주실 수 있나요?	**Pouvez-vous l'écrire ici ?** [뿌베-부 레크리흐 이씨]	
13	(번역기 앱을 보여주며) 여기에 말씀해 주실 수 있나요?	**Pouvez-vous le dire ici ?** [뿌베-부 르 디흐 이씨]	
14	구급차를 불러 주실 수 있나요?	**Pouvez-vous appeler les urgences ?** [뿌베-부 아쁠레 레 쥐흐정스]	

Est-ce que vous avez~?

[에-스 끄 부자베]

~ 있나요?

프랑스어 질문은 대부분 est-ce que[에-쓰 끄]로 시작해요. vous avez[부자베]는 '당신은 가지고 있다'라는 뜻입니다. 주로 상점, 식당, 호텔 등에서 직원에게 물어볼 때 쓰는 가장 대표적인 표현으로 '~ 있나요?' 정도의 뉘앙스입니다. 가게에서 특정 물건을 구입하거나, 어떤 음식을 먹고 싶을 때, 호텔에서 이용하고 싶은 서비스가 가능한지 물어볼 때 사용합니다.

01	토마토 주스 있나요?	Est-ce que vous avez du jus de tomate ? [에-쓰 끄 부자베 듀 쥬 드 또마뜨]
02	세탁실 있나요?	Est-ce que vous avez une buanderie ? [에-쓰 끄 부자베 윈 뷰앙드리]
03	다리미 있나요?	Est-ce que vous avez un fer à repasser ? [에-쓰 끄 부자베 앙 페 아 흐빠쎄]
04	공항 버스가 있나요?	Est-ce que vous avez une navette d'aéroport ? [에-쓰 끄 부자베 윈 나베뜨 다에호포]
05	보조 열쇠 있나요?	Est-ce que vous avez une clé supplémentaire ? [에-쓰 끄 부자베 윈 끌레 쑤쁠레멍떼흐]
06	매콤한 음식이 있나요?	Est-ce que vous avez de la nourriture épicée ? [에-쓰 끄 부자베 드 라 누히뜌흐 에삐쎄]
07	밥 있나요?	Est-ce que vous avez du riz ? [에-쓰 끄 부자베 듀 히]

기내　공항　교통　호텔　길거리　카페·빵집　식당　쇼핑　관광　위급

아이폰용 유심 카드를 찾을 때

👤 **A: Est-ce que vous avez** une carte SIM pour iPhone ?　아이폰용 유심 카드 있나요?
[에-쓰 끄 부 자베 윈 꺅뜨 씸 뿌흐 아이폰]

🧑 **B: Oui, quel iPhone utilisez-vous ?**　네, 어떤 종류의 아이폰을 쓰시나요?
[위, 껠 아이폰 우띨리제 부]

08 💳	납작 복숭아 있나요?	**Est-ce que vous avez des pêches plates ?** [에-쓰 끄 부자베 데 뻬쓔 쁠라뜨]
09 💳	더 작은 사이즈 있나요?	**Est-ce que vous avez une taille plus petite ?** [에-쓰 끄 부자베 윈 따이 쁠뤼 쁘띠뜨]
10 💳	이거 다른 색 있나요?	**Est-ce que vous l'avez en d'autres couleurs ?** [에-쓰 끄 부라베 엉 도트흐 꿀러]
11 💳	제 사이즈 있나요?	**Est-ce que vous l'avez à ma taille ?** [에-쓰 끄 부라베 아 마 따이]
12 💳	이거 새 거 있나요?	**Est-ce que vous en avez un nouveau ?** [에-쓰 끄 부정나베 앙 누보]
13 📷	한국어로 된 안내 책자 있나요?	**Est-ce que vous avez la brochure en coréen?** [에-쓰 끄 부자베 라 브호슈흐 엉 꼬헤앙]
14 🚨	돌리프한* 있나요?	**Est-ce que vous avez du Doliprane ?** [에-쓰 끄 부자베 듀 돌리프한]

* 돌리프한은 프랑스의 타이레놀이에요.

27

Y a-t-il~?

[야-띨]

~ 있나요?

앞서 배운 "에스-끄 부자베?(Est-ce que vous avez~ ?, ~있나요?)"와 같은 뜻이지만, 좀 더 다양한 상황에서 '~ 있나요?'라고 물을 때 쓰는 표현입니다. 이 패턴은 '근처에'라는 뜻인 autour[오뚜흐]와 함께 쓰는 경우가 많습니다.

01	근처에 코인 라커 있나요?	**Y a-t-il des casiers autour ?** [야-띨 데 꺄지에 오뚜흐]
02	근처에 택시 정류장 있나요?	**Y a-t-il une station de taxi autour ?** [야-띨 윈 쓰따씨옹 드 딱시 오뚜흐]
03	근처에 전철역이 있나요?	**Y a-t-il une station de métro autour ?** [야-띨 윈 쓰따씨옹 드 메트호 오뚜흐]
04	근처에 버스정류장 있나요?	**Y a-t-il une station de bus autour ?** [야-띨 윈 쓰따씨옹 드 뷰쓰 오뚜흐]
05	근처에 맛있는 빵집 있나요?	**Y a-t-il une bonne boulangerie autour ?** [야-띨 윈 본 불랑즈히 오뚜흐]
06	근처에 맛있는 식당 있나요?	**Y a-t-il un bon restaurant autour ?** [야-띨 앙 봉 헤스또헝 오뚜흐]
07	근처에 기념품 가게가 있나요?	**Y a-t-il un magasin de souvenirs autour ?** [야-띨 앙 마갸장 드 쑤브니 오뚜흐]

기내 공항 교통 호텔 길거리 카페·빵집 식당 쇼핑 관광 위급

환전할 곳을 찾을 때

A: Y a-t-il un bureau de change dans le centre commercial ? [야-띨 앙 뷰호 드 셩즈 덩 르 썽트 꼬메샬]

B: Il n'y en a pas, mais il y a une banque.
[일 니 어나 빠, 메 일야 윈 벙끄]

쇼핑몰 안에 환전소가 있나요?

없습니다. 하지만 은행이 하나 있어요.

08	빈 자리 있나요?	Y a-t-il une place de libre ? [야-띨 윈 쁠라쓰 드 리브흐]
09	근처에 슈퍼 있나요?	Y a-t-il un supermarché autour ? [야-띨 앙 수뻬흐막셰 오뚜흐]
10	근처에 벼룩시장 있나요?	Y a-t-il un marché aux puces autour ? [야-띨 앙 막셰 오 쀠쓰 오뚜흐]
11	근처에 약국 있나요?	Y a-t-il une pharmacie autour ? [야-띨 윈 파흐마씨 오뚜흐]
12	근처에 유실물 센터 있나요?	Y a-t-il un endroit « objet perdus » autour ? [야-띨 앙 엉드화 옵제 뻬흐듀 오뚜흐]
13	누구 있나요?	Y a-t-il quelqu'un ? [야-띨 껠깡]
14	한국어 하시는 분 있나요?	Y a-t-il quelqu'un qui parle coréen ? [야-띨 껠깡 끼 빠흘 꼬헤양]

29

Je dois~ [즈돼] 저는 ~해야 해요.

Dois-je~? [돼-즈] 제가 ~해야 하나요?

'나는 ~해야 한다'는 의미의 Je dois~[즈 돼]는 확고한 생각을 표현합니다. 그래서 주로 다급한 상황에서 의견을 확실하게 전하고 싶을 때 유용하게 쓸 수 있습니다. 다만, 강한 의사표현인 만큼 평상시에 너무 많이 사용하면 무례하게 들릴 수도 있으므로 주의하는 것이 좋습니다. 그리고 주어인 je[즈]와 동사인 dois[돼]의 위치를 바꾸어 의문문으로 만들 수도 있습니다.

01	저는 가방을 꺼내야 해요.	Je dois sortir mon sac. [즈 돼 쏘띠흐 몽 싹]
02	저는 20분 안에 비행기를 타야 해요.	Je dois prendre mon avion dans 20 minutes. [즈 돼 프헝드 몽나비옹 덩 방 미늇]
03	저는 지금 내려야 해요.	Je dois descendre maintenant. [즈 돼 데썽드흐 맹뜨넝]
04	어떤 지하철 노선을 타야 하나요?	Quelle ligne de métro je dois prendre ? [껠 리뉴 드 메트흐 즈 돼 프헝드]
05	택시를 타야 하나요?	Dois-je prendre un taxi ? [돼-즈 프헝드 앙 딱시]
06	왕복 티켓을 끊어야 하나요?	Dois-je prendre un billet aller-retour ? [돼-즈 프헝드 앙 비예 알레 흐뚜]
07	예약해야 하나요?	Dois-je réserver ? [돼-즈 헤제흐베]

기내　공항　교통　호텔　길거리　카페·빵집　식당　쇼핑　관광　위급

고급 레스토랑에서

👤 **A: Dois-je** porter un pantalon ? [돠-즈 뽁떼 앙 빵딸롱]　긴 바지를 입어야 하나요?

🧑 **B:** Oui, vous n'êtes pas autorisé à porter de shorts dans le reataurant.
[위, 부 네뜨 빠 오또히제 아 뽁떼 드 쇼뜨 덩 르 헤스또헝]

네, 저희 식당에서는 반바지를 입을 수 없습니다.

08	여기서 기다려야 하나요?	Dois-je attendre ici ? [돠-즈 아떵드흐 이씨]
09	정장*을 입어야 하나요?	Dois-je porter un costume cravate ? [돠-즈 뽁떼 앙 꼬쓰뜜 끄하바트]
10	저는 이걸 사야 해요.	Je dois acheter ça. [즈 돠 아슈떼 싸]
11	수영모를 써야 하나요?	Dois-je porter un bonnet de bain ? [돠-즈 뽁떼 앙 보네 드 방]
12	세 살 아들을 위해 표를 사야 하나요?	Dois-je acheter un billet pour mon fils de 3 ans ? [돠-즈 아슈떼 앙 비예 뿌 몽 피스 드 투와 정]
13	저는 진료를 받아야 해요.	Je dois voir un docteur. [즈 돠 봐흐 앙 독떠]
14	저는 약을 먹어야 해요.	Je dois prendre mes médicaments. [즈 돠 프헝드 메 메디꺄멍]

* 일부 고급 레스토랑에서는 정장을 입어야만 하는 경우가 있습니다.

À quelle heure~?

[아 껠러흐]

몇 시에 ~하나요?

시간에 관해서 물어볼 때 사용하는 표현입니다. 상대가 아는지 모르는지 확실하지 않을 경우, 앞에 "싸베-부?(Savez-vous ?, 아시나요?)"를 붙인 뒤 말하면 더욱 예의있는 표현이 됩니다.

01	몇 시에 첫 버스가 오나요?	À quelle heure est le premier bus ? [아 껠러흐 에 르 프흐미에 뷰쓰]
02	몇 시에 마지막 버스가 오나요?	À quelle heure est le dernier bus ? [아 껠러흐 에 르 데흐니에 뷰쓰]
03	몇 시에 떠나시나요?	À quelle heure vous partez ? [아 껠러흐 부 빠흐떼]
04	몇 시에 차를 반납하면 되나요?	À quelle heure je dois rendre la voiture ? [아 껠러흐 즈 돠 헝드 라 봐튜흐]
05	몇 시에 터미널에 있으면 되나요?	À quelle heure je dois être au terminal ? [아 껠러흐 즈 돠 에트흐 오 떼미날]
06	몇 시에 여기로 다시 오면 되나요?	À quelle heure je dois revenir ici ? [아 껠러흐 즈 돠 흐브니 이씨]
07	몇 시에 체크인을 하면 되나요?	À quelle heure je dois faire mon check-in ? [아 껠러흐 즈 돠 페흐 몽 체크-인]

기내   공항   교통   호텔   길거리   카페·빵집   식당 쇼핑 관광 위급

문 여는 시간을 물어볼 때

👤 **A: À quelle heure** vous ouvrez ? [아 껠 어흐 부 우브헤] 몇 시에 문을 여세요?

🚹 **B: Vers 11 heures 30.** [베흐 옹저흐 트헝트] 11시 30분쯤(에 열어요).

08	몇 시에 **체크아웃을** 하면 되나요?	À quelle heure je dois faire mon check-out ? [아 껠러흐 즈 돠 페흐 몽 체크-아웃]
09	몇 시가 **해피아워***인가요?	À quelle heure est le Happy Hour ? [아 껠러흐 에 르 아피 아워]
10	(식당/상점 등을) 몇 시에 닫으세요?	À quelle heure vous fermez ? [아 껠러흐 부 페흐메]
11	몇 시에 오시나요?	À quelle heure vous venez ? [아 껠러흐 부 브네]
12	몇 시에 제가 와야 될까요?	À quelle heure je dois venir ? [아 껠러흐 즈 돠 브니]
13	쇼핑몰은 몇 시에 여나요?	À quelle heure ouvre le centre commercial ? [아 껠러흐 우브흐 르 썽트 꼬메샬]
14	수영장은 몇 시에 닫나요?	À quelle heure la piscine ferme ? [아 껠러흐 라 삐씬 페므]

* 카페에서 맥주나 칵테일을 할인하는 시간입니다. 가게마다 다르지만 보통 오후 5시에서 8시입니다.

Est-ce que c'est~?

[에-쓰 끄 쎄]

이거 ~인가요?

앞에서 배운 est-ce que[에-쓰 끄]와 c'est[쎄]를 결합시켜 '이것이 ~인가요?'라는 말을 할 수 있습니다. 상대에게 특정 정보를 확인할 때 사용해보세요. 이때 본론부터 말하기보다는 먼저 "에쓰뀨제-뫄(Excusez-moi, 실례합니다)"로 말문을 튼 뒤, 질문하는 것이 좋습니다.

01	걸어서 갈 수 있나요? (도보 가능 거리)	**Est-ce que c'est possible en marchant ?** [에-쓰 끄 쎄 뽀씨블 엉 마흐셩]
02	이거 48번 버스인가요?	**Est-ce que c'est le bus 48 ?** [에-쓰 끄 쎄 르 뷰쓰 까헝뜨 위뜨]
03	이거 샹젤리제 가는 버스인가요?	**Est-ce que c'est le bus qui va à Champs-Elysées ?** [에-쓰 끄 쎄 르 뷰쓰 끼바 아 셩젤리제]
04	이 방향이 맞는 것인가요?	**Est-ce que c'est la bonne direction ?** [에-쓰 끄 쎄 라 본 디헥시옹]
05	우버 (택시) 기사님 이세요?	**Est-ce que c'est le chauffeur de Uber ?** [에-쓰 끄 쎄 부 르 쇼퍼 드 우베흐]
06	(직원이 하는 말) 김미나 씨세요?	**Est-ce que c'est vous Kim Mina ?** [에-쓰 끄 쎄 부 김미나]
07	이거 당신 것인가요?	**Est-ce que c'est à vous ?** [에-쓰 끄 쎄 따부]

기내　공항　교통　호텔　길거리　카페·빵집　식당　쇼핑　관광　위급

내가 누구인지 확인받을 때

A: Bonjour, **est-ce que c'est** vous Jou?　　　　안녕하세요, 당신이 Jou 님이세요?
[봉쥬흐, 에-쓰 끄 쎄 부 주]

B: Bonjour. Oui, c'est moi Jou. [봉쥬흐. 위, 쎄 먀 주]　　안녕하세요. 네, 제가 Jou예요.

08	(직원이 하는 말) 다 드셨나요?	Est-ce que c'est fini ? [에-쓰 끄 쎄 피니]
09	이거 새 것인가요?	Est-ce que c'est nouveau ? [에-쓰 끄 쎄 누보]
10	이거 남성용인가요?	Est-ce que c'est pour homme ? [에-쓰 끄 쎄 뿌 옴]
11	이거 여성용인가요?	Est-ce que c'est pour femme ? [에-쓰 끄 쎄 뿌 팜]
12	이거 성인용인가요?	Est-ce que c'est pour adulte ? [에-쓰 끄 쎄 뿌 아듈뜨]
13	주말에도 여나요?	Est-ce que c'est ouvert le week-end ? [에-쓰 끄 쎄 우베흐 르 위껜드]
14	이거 소화 불량에 좋은 것인가요?	Est-ce que c'est bien pour l'indigestion ? [에-쓰 끄 쎄 비앙 뿌 랑디제스티옹]

Juste
[쥬스뜨]

그냥 / ~만요.

우리말도 복잡하게 말하지 않고 "(그냥)~만요"라고 할 때가 있죠? 프랑스어로도 juste[쥬스뜨]를 써서 간단하게 말을 할 수 있습니다. 하지만 상대방이 질문을 했을 때만 쓸 수 있는 문장입니다.

01	(수하물을 맡길 때) 이 가방만요.	Juste ce sac. [쥬스뜨 쓰 싹]
02	이틀만요.	Juste 2 jours. [쥬스뜨 드 주흐]
03	오늘 저녁만요.	Juste ce soir. [쥬스뜨 쓰 수아흐]
04	그냥 여기서 세워주세요.	Arrêtez-moi juste ici, s'il vous plaît. [아헤떼-롸 쥬스뜨 이씨 씰 부 쁠레]
05	저만 (혼자)요.	Juste moi. [쥬스뜨 롸]
06	조금만 (주세)요.	Juste un peu, s'il vous plaît. [쥬스뜨 앙 쁘, 씰 부 쁠레]
07	파리-브레스트*만 (주세)요.	Juste un Paris-Brest, s'il vous plaît. [쥬스뜨 앙 빠히-브헤스트, 씰 부 쁠레]

* 파리 브레스트는 링 모양 페스트리 안에 크림을 넣은 것입니다.

기내　공항　교통　호텔　길거리　카페·빵집　식당　쇼핑　관광　위급

구경만 하려고 할 때

A: Avez-vous besoin de quelque chose ?
[아베 부 브좡 드 껠끄 쇼즈]　　　　　　찾으시는 것 있으세요?

B: Je regarde **juste**. [즈 흐갸드 쥬스뜨]　　　　그냥 구경만 하려고요.

08	커피만 (주세)요.	Juste du café, s'il vous plaît. [쥬스뜨 듀 까페, 씰 부 쁠레]	
09	우유만 (주세)요.	Juste du lait, s'il vous plaît. [쥬스뜨 듀 레, 씰 부 쁠레]	
10	딱 한 잔만요.	Juste un verre, s'il vous plaît. [쥬스뜨 앙 베르, 씰 부 쁠레]	
11	이것만 (주세)요.	Juste ça, s'il vous plaît. [쥬스뜨 싸, 씰 부 쁠레]	
12	저것만 (주세)요.	Juste celui-là, s'il vous plaît. [쥬스뜨 쓸뤼-라, 씰 부 쁠레]	
13	그냥 **구경만** 하려고요.	Je regarde juste. [즈 흐갸드 쥬스뜨]	
14	잠깐만 **기다려주세요!**	Attendez, juste un instant ! [아떵데, 쥬스뜨 앙낭쓰땅]	

Assez~ [아쎄] 충분히, 꽤

Trop~ [트로] 너무

assez[아쎄]는 '충분하다'는 의미로 어떤 것이 충분히 만족스럽고 더 이상 필요하지 않음을 표현할 때 사용합니다. 하지만 상황에 따라 부정적인 의미로 해석될 수도 있습니다. 반대로 trop[트로]는 '너무 많다'는 의미입니다. 뭔가 지나치거나 과도할 때 사용합니다. 두 패턴 모두 불만을 나타낼 때 사용할 수 있습니다.

01	길이 꽤 막히네요.	C'est assez bouché sur la route. [쎄 아쎄 부셰 쉬흐 라 후뜨]
02	너무 일러요.	C'est trop tôt. [쎄 트호 또]
03	너무 늦어요.	C'est trop tard. [쎄 트호 따흐]
04	침실이 꽤 작네요.	La chambre est assez petite. [라 셩브 에 아쎄 쁘띠뜨]
05	침실이 꽤 춥네요.	Il fait assez froid dans la chambre. [일 페 아쎄 프화 덩 라 셩브]
06	(음식이) 충분히 안 익었네요.	C'est pas assez cuit. [쎄 빠 아쎄 뀌]
07	(음료가) 꽤 뜨겁네요.	C'est assez chaud. [쎄 아쎄 쇼]

기내 　 공항 　 교통 　 호텔 　 길거리 　 카페·빵집 　 식당 　 쇼핑 　 관광 　 위급

옷이나 신발 등을 살 때

A: Est-ce qu'il vous convient ? [에-스 낄 부 꽁비앙]　　마음에 드세요?

B: C'est **assez** petit. [쎄 아쎄 쁘띠]　　꽤 작아요.

08	이거면 충분할까요?	Est-ce assez ? [에쓰 아쎄]
09	꽤 비싸네요.	C'est assez cher. [쎄 아쎄 셰흐]
10	너무 비싸네요.	C'est trop cher. [쎄 트호 셰흐]
11	제 머리에는 너무 커요.	C'est trop grand pour ma tête. [쎄 트호 그헝 뿌 마 떼뜨]
12	제 몸에는 너무 작아요.	C'est trop petit pour ma taille. [쎄 트호 그헝 뿌 마 따이]
13	대기줄이 너무 길어요.	La queue est trop longue. [라 뀨 에 트호 롱그]
14	말씀이 너무 빠르세요.	Vous parlez trop vite. [부 빠흘레 트호 비뜨]

Je vais~

[즈 베]

~하려고요.

Je vais[즈 베]는 직역하면 '나는 간다'라는 뜻이지만, 뒤에 동사원형이 오면 '~을 할 것이다'가 됩니다. 가까운 미래에 있을 일을 이야기할 때 사용해보세요!

01	파리에 갑니다.*	**Je vais** à Paris. [즈 베 아 빠히]
02	몽마르트 호텔에 묵으려고요.	**Je vais** dormir à l'hôtel Montmartre. [즈 베 도흐미 아 로뗄 몽마트흐]
03	다음 역에서 내리려고요.	**Je vais** descendre à la prochaine station. [즈 베 데썽드흐 알라 프호셴 쓰따씨옹]
04	차를 렌트하려고요.	**Je vais** louer une voiture. [즈 베 루에 윈 봐튜흐]
05	4일간 머물려고요.	**Je vais** rester 4 jours. [즈 베 헤스떼 꺄뜨흐 주흐]
06	양파수프를 먹으려고요.	**Je vais** prendre une soupe à l'oignon. [즈 베 프헝드 윈 쑵 아 로뇽]
07	저는 안 먹으려고요.	**Je** ne **vais** pas manger. [즈 느 베 빠 멍제]

* Je vais의 기본적인 뜻은 '~에 간다'입니다.

기내   공항   교통   호텔   길거리   카페·빵집   식당   쇼핑   관광 위급

물건을 구입할 때

👤 **A: Je vais** l'acheter. [즈 베 라슈떼]　　　　　　이거 사려고요.

👤 **B:** Ça fait 10 euros. [싸 페 디즈호]　　　　　　10유로입니다.

08	바베큐 소스로 할게요.	**Je vais** prendre une sauce barbecue. [즈 베 프헝드 윈 소스 바흐브뀨]
09	맥주를 마시려고요.	**Je vais** prendre de la bière. [즈 베 프헝드 드 라 비에]
10	카드로 할게요.	**Je vais** utiliser ma carte. [즈 베 우띨리제 마 꺅뜨]
11	일단 둘러보려고요.	**Je vais** d'abord regarder. [즈 베 다보흐 흐갸흐데]
12	이거 사려고요.	**Je vais** acheter ça. [즈 베 아슈떼 싸]
13	확인해 볼게요.	**Je vais** voir. [즈 베 부아]
14	(금방) 돌아올게요.	**Je vais** revenir. [즈 베 흐브니]

~ ne marche pas

[느 막슈 빠]

~가 (작동이) 안 됩니다.

'걷는다'라는 뜻의 marcher 동사는 '(기계 등이) 작동한다'라는 의미도 있습니다. ne marcher pas[느 막슈 빠]는 원래대로라면 작동했을 무언가가 제대로 작동하지 않을 때 '~가 안 돼요'라는 의미로 쓸 수 있습니다.

01	제 나비고 카드가 안 됩니다.	Ma carte Navigo ne marche pas. [마 꺅뜨 나비고 느 막슈 빠]
02	이 기계가 안 됩니다.	Cette machine ne marche pas. [쎄뜨 마신 느 막슈 빠]
03	티켓 자판기가 안 됩니다.	Le distributeur de tickets ne marche pas. [르 디스트히뷰떠 드 띠께 느 막슈 빠]
04	안전 벨트가 안 됩니다.	La ceinture ne marche pas. [라 쌍뜌 느 막슈 빠]
05	세탁기가 안 됩니다.	La machine à laver ne marche pas. [라 마신 아 라베 느 막슈 빠]
06	건조기가 안 됩니다.	Le sèche-linge ne marche pas. [르 세슈 랑즈 느 막슈 빠]
07	열쇠가 안 됩니다.	La clé ne marche pas. [라 끌레 느 막슈 빠]

기내 공항 교통 호텔 길거리 카페·빵집 식당 쇼핑 관광 위급

인터넷이 안 될 때

A: Je pense que internet **ne marche pas.**
[즈 크화 끄 앙떼흐넷 느 막슈 빠]

인터넷이 안 되는 것 같아요.

B: Je vais voir. [즈 베 봐]

확인해볼게요.

08	와이파이가 안 됩니다.	La Wi-Fi ne marche pas. [라 위피 느 막슈 빠]
09	헤어 드라이어가 안 됩니다.	Le sèche-cheveux ne marche pas. [르 쎄슈-슈브 느 막슈 빠]
10	엘레베이터가 안 됩니다.	L'ascenseur ne marche pas. [라썽써 느 막슈 빠]
11	가격 스캐너가 안 됩니다.	Le scanner de prix ne marche pas. [르 쓰깨너 드 프히 느 막슈 빠]
12	고객님의 카드가 안 됩니다.	Votre carte ne marche pas. [보트흐 꺅뜨 느 막슈 빠]
13	자판기가 안 됩니다.	Le distributeur automatique ne marche pas. [르 디스트히뷰떠 오또마띡 느 막슈 빠]
14	제 휴대폰이 안 됩니다.	Mon téléphone ne marche pas. [몽 뗄레폰 느 막슈 빠]

Je pense que~

[즈 빵쓰 끄]

~인 것 같아요.

100퍼센트 확신에 차서 강하게 말하는 것이 아니라, '내 생각으로는 ~인 것 같다'라는 의견이나 추측을 말할 때 사용하는 표현입니다. 우리말의 '~인 것 같아요'에 해당됩니다. 확실하지 않은 문제를 조심스럽게 말할 때 사용하기 좋습니다.

01	당신이 제 캐리어를 (잘못) 가져가신 것 같아요.	Je pense que vous avez pris ma valise. [즈 빵쓰 끄 부자베 프히 마 발리즈]
02	이 자동차에 문제가 있는 것 같아요.	Je pense que ma voiture a un problème. [즈 빵쓰 끄 마 봐튜흐 아 앙 프호블렘]
03	저는 여기서 내려야 할 것 같아요.	Je pense que je vais descendre là. [즈 빵쓰 끄 즈 베 데썽드흐 라]
04	트윈 침대(가 있는 방)를 예약한 것 같아요.	Je pense que j'ai fait une réservation pour un lit twin. [즈 빵쓰 끄 제페 윈 헤제흐바씨옹 뿌 앙 리 튄]
05	열쇠가 안 되는 것 같아요.	Je pense que la clé ne marche pas. [즈 빵쓰 끄 라 끌레 느 막슈 빠]
06	저 늦을 것 같아요.	Je pense que je vais être en retard. [즈 빵쓰 끄 즈베 에트 엉 흐따]
07	제가 건물을 잘못 들어온 것 같아요.	Je pense que je suis dans le mauvais bâtiment. [즈 빵쓰 끄 즈 쒸 덩 르 모베 바티멍]

기내 공항 교통 호텔 길거리 카페·빵집 식당 쇼핑 관광 위급

누가 내 자리에 앉아 있을 때

A: Je pense que vous êtes sur mon siège.
[즈 빵쓰 끄 부 제뜨 쒸흐 몽 씨에즈]

제 자리에 앉으신 것 같은데요.

B: C'est quoi votre numéro ? [쎄 꽈 보트흐 뉴메호]

(좌석) 번호가 어떻게 되세요?

08	내가 잘못된 방향으로 가고 있는 것 같아요.	Je pense que je ne vais pas dans la bonne direction. [즈 빵쓰 끄 즈 느 베 빠 덩 라 본 디헥시옹]	
09	닭고기가 덜 익은 것 같아요.	Je pense que le poulet n'est pas bien cuit. [즈 빵쓰 끄 르 뿔레 네 빠 비앙 뀌]	
10	당신이 실수로 요금을 두 번 청구하신 것 같아요.	Je pense que vous m'avez facturé 2 fois par erreur. [즈 빵쓰 끄 부 마베 팍튜헤 드 퐈 빠 에허]	
11	계산을 정확하게 안 하신 것 같아요.	Je pense que vous ne m'avez pas donné la bonne somme. [즈 빵쓰 끄 부 느 마베 빠 도네 라 본 쏨]	
12	제가 카드를 안 챙긴 것 같아요.	Je pense que je n'ai pas pris ma carte. [즈 빵쓰 끄 즈 네 빠 프히 마 꺅뜨]	
13	저 남자가 나를 따라 오고 있는 것 같아요.	Je pense que cet homme me suit. [즈 빵쓰 끄 쎄똠 므 쒸]	
14	누군가가 내 휴대폰을 가져간 것 같아요.	Je pense que quelqu'un a pris mon portable. [즈 빵쓰 끄 껠깡 아 프히 몽 뽁따블]	

Pourquoi~?

[뿌꽈]

왜 ~?

이유를 묻는 표현입니다. 단순히 묻는 것이 목적일 수도 있지만, 불만을 제기하고 해결을 요구할 때도 쓸 수 있어요. 구입한 물건, 이용하는 시설이나 서비스 등에 문제가 있을 때 사용해보세요.

01	(수하물 찾는 곳에서) 왜 제 짐이 나오지 않나요?	Pourquoi mes bagages ne sont pas là ? [뿌꽈 메 바가즈 느 쏭 빠 라]
02	왜 지하철이 운행하지 않나요?	Pourquoi le métro ne marche pas ? [뿌꽈 르 메트호 느 막슈 빠]
03	왜 기차가 늦나요?	Pourquoi le train est-il en retard ? [뿌꽈 르 트항 에 띨 엉 흐따흐]
04	이거 왜 작동하지 않나요?	Pourquoi ça ne marche pas ? [뿌꽈 싸 느 막슈 빠]
05	왜 뜨거운 물이 안 나오나요?	Pourquoi l'eau chaude ne marche pas ? [뿌꽈 로 쇼드 느 막슈 빠]
06	왜 방의 와이파이가 안 되나요?	Pourquoi le Wi-Fi dans la chambre ne marche pas ? [뿌꽈 르 위피 당 라 셩브 느 막슈 빠]
07	왜 제 방이 더럽나요?	Pourquoi ma chambre est-elle sale ? [뿌꽈 마 셩브 에뗄 쌀]

기내 공항 교통 호텔 길거리 카페·빵집 식당 쇼핑 관광 위급

기차가 안 올 때

A: Pourquoi le train est annulé ? [부꽈 르 트항 에 아뉼레] 기차가 왜 취소됐나요?

B: Le train a un problème technique. 기차에 기술적인 문제가 있어요.
[르 트항 아 앙 프호블렘 떼끄닉]

08	왜 저를 따라오세요?	**Pourquoi vous me suivez ?** [부꽈 부 므 쒸베]
09	왜 제가 주문한 음식이 나오지 않나요?	**Pourquoi ma commande n'arrive pas ?** [부꽈 마 꺼멍드 나히브 빠]
10	왜 음식이 짠가요?	**Pourquoi le plat est-il salé ?** [부꽈 르 쁠라 에띨 쌀레]
11	왜 저에게 거스름돈을 안 주시나요?	**Pourquoi vous ne me donnez pas la monnaie ?** [부꽈 부 느 므 도네 빠 라 모네]
12	왜 영수증을 안 주시나요?	**Pourquoi vous ne me donnez pas le ticket ?** [부꽈 부 느 므 도네 빠 르 띠께]
13	왜 제품이 더럽나요?	**Pourquoi le produit est sale ?** [부꽈 르 프호뒤 에 쌀]
14	왜 박물관이 닫혀 있나요?	**Pourquoi le musée est fermé ?** [부꽈 르 뮈제 페흐메]

C'est quel/quelle~? [쎄껠] 어느 ○○이 ~인가요?

C'est lequel/laquelle~? [쎄르껠/라껠] 어느 것이 ~인가요?

여러가지 중에 하나를 선택하거나, 어느 것이 더 나은지 물어보고 싶을 때 사용하는 표현입니다.
뒤에 오는 명사의 유무와 성별에 따라서 quel/quelle/lequel/laquelle 중에 어떤 것을 사용하는
지가 정해집니다.

01	어느 버스가 **보르도 행** 인가요?	**C'est quel bus qui va à Bordeaux ?** [쎄 껠 뷰쓰 끼바 아 보흐도]
02	어느 출구로 **나가야 하나요?**	**C'est quelle sortie que je dois prendre ?** [쎄 껠 쏘띠 끄 즈 돠 프헝드]
03	어느 노선을 **타야 하나요?**	**C'est quelle ligne que je dois prendre ?** [쎄 껠 리뉴 끄 즈 돠 프헝드]
04	어느(몇 번) **플랫폼인가요?**	**C'est quelle plateforme ?** [쎄 껠 쁠라트폼]
05	어느 것이 가장 **빠른 건가요?**	**C'est lequel qui est le plus rapide ?** [쎄 르껠 끼 에 르 쁠루 하삐드]
06	어느 것이 **디카페인인가요?**	**C'est lequel le déca ?** [쎄 르껠 르 데꺄]
07	어느 것이 글루텐 **없는 요리인가요?**	**C'est lequel le plat sans gluten ?** [쎄 르껠 르 쁠라 썽 글뤼뗀]

기내　공항　교통　호텔　길거리　카페·빵집　식당　쇼핑　관광　위급

할인 상품이 어느 것인지 확인할 때

A: C'est lequel qui est à moins 50% ?
[쎄 르껠 끼 에 아 뫙 쌍꺼뜨 부썽]

어느 것이 50% 할인하는 건가요?

B: C'est celui avec l'étiquette rouge.
[세 쓰뤼 아벡 레띠껫 후즈]

빨간 스티커가 붙은 겁니다.

08	어느 것이 2인용으로 제일 좋은가요?	C'est lequel qui est le meilleur pour 2 personnes ? [쎄 르껠 끼 에 르 뽈루 메여 부 드 뻬쏜]
09	어느 것이 가장 저렴한가요?	C'est lequel le moins cher ? [쎄 르껠 르 뫙 셰흐]
10	어느 것이 나에게 잘 어울릴까요?	C'est lequel qui irait bien avec moi ? [쎄 르껠 끼 이헤 비앙 아벡 뫄]
11	어느 것이 가장 잘 나가나요?	C'est lequel le best-seller ? [쎄 르껠 르 베스트 셀러]
12	어느 것이 남성용인가요?	C'est lequel pour les hommes ? [쎄 르껠 뿔레좀]
13	어느 것이 가장 작동이 잘 되나요?	C'est lequel qui marche le mieux ? [쎄 르껠 끼 막슈 르 미유]
14	둘 중에 어느 것이 할인 중인가요?	C'est laquelle des deux qui est en promotion ? [쎄 라껠 데 드 끼 에떵 프호모씨옹]

C'est ça que je~

[쎄 싸 끄 즈]

제가 ~게 바로 그거예요.

C'est ça que je~[쎄 싸 끄 즈]는 어떤 것을 강조하거나 상대의 말에 동조할 때 쓸 수 있는 표현입니다. ça[싸]는 일반적으로 '이것' 또는 '저것'을 의미합니다.

01	제가 말하고 싶었던 게 바로 그거예요.	**C'est ça que je voulais dire.** [쎄 싸 끄 즈 불레 디흐]
02	제가 **타야 하는** 게 바로 그거예요.	**C'est ça que je dois prendre.** [쎄 싸 끄 즈 돠 프헝드]
03	제가 **주문한** 게 바로 그거예요.	**C'est ça que j'ai commandé.** [쎄 싸 끄 제 꺼멍데]
04	제가 **먹고 싶은** 게 바로 그거예요.	**C'est ça que je veux manger.** [쎄 싸 끄 즈 브 멍제]
05	제가 **말하던** 게 바로 그거예요.	**C'est ça que je disais.** [쎄 싸 끄 즈 디제]
06	제가 **좋아하는** 게 바로 그거예요.	**C'est ça que j'aime.** [쎄 싸 끄 젬]
07	제가 **원하던** 게 바로 그거예요.	**C'est ça que je voulais.** [쎄 싸 끄 즈 불레]

기내　공항　교통　호텔　길거리　카페·빵집　식당　쇼핑　관광　위급

딱 필요했던 것을 챙겨줬을 때

A: Souhaitez-vous un sac plastique ?
[쑤에떼 부 앙 싹 쁠라쓰띡]

비닐봉지 드릴까요?

B: C'est de **ça que** j'ai besoin. [쎄 드 싸 끄 제 브좡]

제가 필요한 게 바로 그거예요.

08	제가 들은 게 바로 그거예요.	C'est ça que j'ai entendu. [쎄 싸 끄 제 엉떵듀]
09	제가 찾는 게 바로 그거예요.	C'est ça que je cherche. [쎄 싸 끄 즈 셰스]
10	제가 사용하는 게 바로 그거예요.	C'est ça que j'utilise. [쎄 싸 끄 주띨리즈]
11	제가 만든 게 바로 그거예요.	C'est ça que j'ai fabriqué. [쎄 싸 끄 제 파브히께]
12	제가 본 게 바로 그거예요.	C'est ça que j'ai vu. [쎄 싸 끄 제 뷰]
13	제가 당신에게 말했던 게 바로 그거예요.	C'est ça que je vous disais. [쎄 싸 끄 즈 부 디제]
14	제가 생각하는 게 바로 그거예요.	C'est ça que je pense. [쎄 싸 끄 즈 빵쓰]

51

PART 2

실전에서는 이렇게 쓰자! 실제 상황 38

MP3 듣기

기내에서 내 자리 찾을 때

Do 어쩔 수 없이 남보다 먼저 가야 하는 경우에는 "에쓰뀨제-똬(Excusez-moi, 실례합니다)"라고 말하며 지나가는 것이 좋아요. 그리고 타인과 조금이라도 신체적인 접촉이 있을 때도요.

Don't 프랑스에서 "Excusez-moi"에 인색하면 엄청 무례한 사람이 될 수도 있습니다.

현지에서 당신이 **하는 말** 👄	현지에서 당신이 **듣는 말** 👂

[에쓰뀨제-똬]
Excusez-moi.
실례합니다.

[빠흐동]
Pardon.
죄송합니다.

...

[에쓰뀨제-똬, 므씨유. 쎄 몽 씨에즈]
Excusez-moi, monsieur. c'est mon siège.
실례합니다. 여긴 제 자리입니다.

[아 봉? 쎄 꽈 보트흐 뉴메로]
Ah bon ? C'est quoi votre numéro ?
아 정말요? 좌석 번호가 어떻게 되세요?

[쎄띠씨]
C'est ici !
(티켓을 보여주며) 여기요!

[오, 빠흐동]
Oh, pardon.
오, 죄송해요.

[쎄 빠 그합]
C'est pas grave.
괜찮습니다.

기내식 받을 때

Do 　메뉴를 말하고 나서, 뒤에 "씰 부 쁠레(s'il vous plaît, 부탁합니다)"를 붙여주세요.

Don't 　식사를 받은 후 "멕씨(Merci, 감사합니다)"도 잊지 마세요!

현지에서 당신이 **듣는 말** 👂》	현지에서 당신이 **하는 말** 👄
[께-쓰 끄 부 쑤에떼 봐흐] **Qu'est-ce que vous souhaitez boire ?** 음료는 뭘 드릴까요?	
	[들로, 씰 부 쁠레] **De l'eau, s'il vous plaît.** 물 부탁합니다.
[오 미네할 우 뻬띠영뜨] **Eau minérale ou pétillante ?** 생수요, 탄산수요?	
	[오 미네할, 씰 부 쁠레] **Eau minérale, s'il vous plaît.** 생수로 부탁합니다.

···

[뿔레 우 뵈프] **Poulet ou bœuf ?** 닭고기를 드릴까요, 소고기를 드릴까요?	
	[뿔레, 씰 부 쁠레] **Poulet, s'il vous plaît.** 닭고기로 부탁합니다.
[봐씨] **Voici.** 여기요.	
	[멕씨] **Merci !** 감사합니다!

수하물 찾기

Do   입국 심사를 마친 후 화살표로 표시된 통로를 따라 쭉 나오면 수하물 찾는 곳이 나옵니다. 여러 공항에서 온 비행기와 겹칠 때가 많으니, 공항이나 항공편명을 잘 확인해서 기다리세요.

Don't   생각보다 비슷한 캐리어가 많기 때문에 잘못 들고 가지 않게 주의하세요. 특이한 모양의 네임 태그를 달거나 손수건 등을 걸어두면 좀 더 빠르게 찾을 수 있습니다.

현지에서 당신이 **하는 말** 👄	현지에서 당신이 **듣는 말** 👂

[에쓰뀨제-봐. 우 쀠-즈 트후베 메 바가즈]

Excusez-moi. Où puis-je trouver mes bagages ?

실례합니다. 수하물은 어디서 찾을 수 있을까요?

[드 껠 아에호뽀 브네-브]

De quel aéroport venez-vous ?

어느 공항에서 오셨나요?

[즈 브엔 드 라에호뽀 딘천]

Je viens de l'aéroport d'Incheon.

인천 공항입니다.

[브이예 아떵드흐 오 꽁봐이예 트화]

Veuillez attendre au convoyeur 3.

3번 컨베이어에서 기다려주세요.

...

[에쓰뀨제-봐, 앙 드 메 바갸즈 네 빠 아히베]

Excusez-moi, un de mes bagages n'est pas arrivé.

실례합니다, 제 짐 중 하나가 아직 안 왔어요.

[껠 볼 에-쓰]

Quel vol est-ce ?

편명이 어떻게 되나요?

[쎄띠씨]

C'est ici !

(티켓을 보여주며) 여기요!

[에어 프랑스. 일 야 앙 아정 오 부 듀 올]

Air France. Il y a un agent au bout du hall.

에어 프랑스군요. 복도 끝에 고객센터가 있어요.

수하물을 못 찾았을 때

Do 지연이나 분실로 수하물을 못 받았다면 입국장을 떠나기 전에 서비스 센터로 가서 PIR(수하물 사고 신고서)를 작성하세요. 혹시 공항을 떠났다면 온라인으로 신고하세요.

Don't 분실에 대비해서 수하물 태그를 버리지 마세요. 그렇지만 혹시 잃어버렸더라도 탑승권으로 수하물 번호를 알 수 있으니 직원에게 도와 달라고 하세요.

현지에서 당신이 **하는 말** 👄	현지에서 당신이 **듣는 말** 👂

[봉쥬흐, 즈 느 트후브 빠 몽 바갸즈 쒸흐 르 따삐]

Bonjour, Je ne trouve pas mon bagage sur le tapis.

안녕하세요. 수하물 찾는 곳에 제 가방이 없어요.

[에-쓰끄 부자베 레띠께뜨 드 바가즈?]

Est-ce que vous avez l'étiquette de bagage ?

수화물 보관표 있으세요?

[쎄띠씨]

C'est ici !

여기요!

[뿌베-부 므 데크히 보트흐 바갸즈]

Pouvez-vous me décrire votre bagage?

가방이 어떻게 생겼는지 말씀해주실 수 있나요?

[쎄 앙 쌈쏘니뜨 누아흐]

C'est un Samsonite noir.

검은색 쌤소나이트 가방입니다.

[제 브쟝 당 뉴메로 드 뗄레폰 에 운 아드레쓰]

J'ai besoin d'un numéro de téléphone et une adresse.

전화번호와 주소가 필요합니다.

[즈 베 도흐미 아 로뗄]

Je vais dormir à l'hôtel.

호텔에 묵으려고요.

[오께. 뿌베-부 헝쁠리 쓰 포뮬레흐]

Ok. Pouvez-vous remplir ce formulaire ?

알겠습니다. 이 양식을 작성해주시겠어요?

택시 타기

교통

Do 아래의 대화는 택시 앱을 이용하지 않는 상황이지만, 우버, 볼트 등의 택시 앱을 이용하면 목적지를 따로 알려주지 않아도 되고, 예상 요금을 알 수 있어서 편리합니다. 그리고 한국에서 미리 신용카드를 등록해 놓으면 자동 결제도 가능합니다.

Don't 절대 아무 택시나 타지 마세요! 꼭! 차 위에 Taxi 라고 적혀있는지 확인하고 타세요.

현지에서 당신이 **듣는 말** 👂🔊	현지에서 당신이 **하는 말** 👄

[봉쥬흐, 쎄 뿌 알레 우]
Bonjour, c'est pour aller où ?
안녕하세요, 어디로 가시나요?

[봉쥬흐, 쎄 라 우 즈 베]
Bonjour, c'est là où je vais.
안녕하세요, (목적지를 보여주며) 여기가 제가 가려고 하는 곳입니다.

[즈 봐 우 쎄]
Je vois où c'est.
거기 어디인지 압니다.

...

[봘라! 싸 프하 방쌍끄호 꺄트흐방, 씰 부 쁠레]
Voilà ! Ça fera 25 euros 80, s'il vous plaît.
여깁니다. 25유로 80센트 주세요.

[다꼬흐]
D'accord.
알겠습니다.

[멕씨. 즈 베 부 쏘띠 보 바갸즈]
Merci. Je vais vous sortir vos bagages.
감사합니다. 짐을 꺼내드릴게요.

[멕씨]
Merci.
감사합니다.

기차표 구입하기

Do 티켓 판매기를 이용하는 것도 좋지만, 프랑스어를 배운 김에 직접 티켓을 구입해보세요!

Don't 표를 구입한 후 행선지와 타는 곳, 시간을 바로 확인하세요.

현지에서 당신이 **듣는 말** 🎧	현지에서 당신이 **하는 말** 👄

[쓰위벙, 씰 부 쁠레]
Suivant, s'il vous plaît.
다음 손님요.

[봉쥬흐. 드 띠께 뿔리옹, 씰 부 쁠레]
Bonjour. 2 tickets pour Lyon, s'il vous plaît.
안녕하세요. 리옹 행 표 두 장 주세요.

[일 이 어나 앙 뿌 디저흐. 에-쓰 끄 싸 부 바]
Il y en a 1 pour 10h. Est-ce que ça vous va ?
10시에 한 대 있습니다. 괜찮으세요?

[오 쎄 트호 또. 아 껠러흐 에 르 프호샹]
Oh, c'est trop tôt. À quelle heure est le prochain ?
오, 너무 이르네요. 다음은 몇 시인가요?

[정네 앙 뿌 디저흐 트헝뜨]
J'en ai 1 pour 10h 30.
10시 30분에 한 대 있어요.

[쎄 빡페]
C'est parfait !
딱 좋아요!

[라 쁠라트폼 위뜨]
La plateforme 8.
8번 플랫폼입니다.

[멕씨 비앙]
Merci bien !
감사합니다!

버스 타기

Do   하차벨을 눌렀는데도 문이 안 열린다면 "씰 부 쁠레!(S'il vous plaît !, 저기요!)"를 외치세요.

Don't   어느 방면인지 헷갈린다면 운임을 내기 전에 꼭 ! 버스 기사에게 행선지를 확인하는 것을 잊지 마세요.

현지에서 당신이 **하는 말** 👄	현지에서 당신이 **듣는 말** 👂

[봉쥬흐, 에-쓰 끄 부 잘레 아 몽빠흐나스]

Bonjour, est-ce que vous allez à Montparnasse ?

안녕하세요. 혹시 몽파르나스 가세요?

[위. 몽떼]

Oui. Montez.

네. 타세요.

[부베-부 므 프헤브니 아 몽빠흐나스]

Pouvez-vous me prévenir à Montparnasse ?

몽파르나스에 도착하면 알려주실 수 있나요?

[위]

Oui.

네.

...

[에쓰뀨제-뫄, 껠 에 쎗 쓰따씨옹]

Excusez-moi, quelle est cette station ?

실례합니다. 여기가 무슨 정류장이죠 ?

[쎄 라 쓰따씨옹 샹젤리제. 라 프호셴 쓰따씨옹 에 몽빠흐나스]

C'est la station Champs-Elysées. La prochaine station est Montparnasse.

이곳은 샹젤리제 역입니다. 다음 정류장이 몽파르나스입니다.

[멕씨 보꾸]

Merci beaucoup !

정말 감사합니다!

지하철 타기

Do 지하철 직원에게 길을 물어보세요. 파업 정보 등도 얻을 수 있습니다.

Don't 파리 지하철 카드를 앱으로 이용할 수 있지만, 오류가 많으니 이용하지 않는 것을 추천해요. 나비고(프랑스의 교통카드) 실물 카드는 지하철 역에서 구매할 수 있습니다.

교통

현지에서 당신이 **하는 말** 👄	현지에서 당신이 **듣는 말** 👂

[봉쥬흐, 제 브쟝 데드]
Bonjour, j'ai besoin d'aide.
안녕하세요. 도움이 필요해요.

[우 부 쟐레]
Où vous allez ?
어디 가시는데요?

[즈 베 아 몽빠흐나스]
Je vais à Montparnasse.
몽파르나스에 갑니다.

[부 프헝드헤 라 위뜨 쥬쓰까 엥발리드]
Vous prendrez la 8 jusqu'à Invalides.
8호선을 타고 앵발리드까지 가세요.

[다꼬흐]
D'accord.
알겠습니다.

[엉쓰위뜨 부 프흐네 라 트헤즈 에 부쟐레 쥬쓰까 몽빠흐나스]
Ensuite vous prenez la 13 et vous allez jusqu'à Montparnasse.
그리고 13호선 타고 몽파르나스까지 가시면 돼요.

[메흐씨 빠흐 우 에 라 쏘띠]
Merci ! Par où est la sortie ?
감사합니다! 출구는 어디에 있나요?

[쎄 뚜 드화 빠흐 라]
C'est tout droit par là !
저기로 직진하시면 돼요!

길을 잃었을 때

Don't 길을 물어봤을 때 차를 태워주겠다거나, 함께 가주겠다는 등 지나친 친절은 사양하세요.
위험할 뿐만 아니라, 그 대가로 돈을 요구하는 사람들도 있습니다.

| 현지에서 당신이 **하는 말** 👄 | 현지에서 당신이 **듣는 말** 👂》 |

[에쓰뀨제-뫄, 에-쓰 비양 라브뉴 드 몽빠흐나스]

Excusez-moi, est-ce bien l'avenue de Montparnasse ?

실례합니다, 여기가 몽파르나스 거리 맞나요?

[농, 쎄 라브뉴 듀 맨]

Non. C'est l'avenue du Maine.

아니요. 이곳은 멘 거리예요.

[오 농! 에-쓰 끄 부 싸베 우 프헝드 르 메트호]

Oh, non ! Est-ce que vous savez où prendre le métro ?

오, 안 돼! 지하철을 어디서 타는지 아시나요?

[일 냐 빠 드 쓰따씨옹 드 메트호 오뚜흐. 메 부 뿌베 프헝드 르 뷰쓰]

Il n'y a pas de station de métro autour. Mais vous pouvez prendre le bus.

주변에 지하철 역은 없지만, 버스를 타시면 돼요.

[우 에 라 쓰따씨옹 드 뷰쓰]

Où est la station de bus ?

버스 정류장은 어디에 있나요?

[알레 뚜 드화, 뚜흐네 아 고슈]

Allez tout droit. Tournez à gauche.

쭉 가서 좌회전 하세요.

[에-쓰 끄 부 꼬네쎄 르 뉴메호 듀 뷰쓰]

Est-ce que vous connaissez le numéro du bus ?

혹시 버스 번호 아세요?

[즈 느쎄 빠. 베히피에 슈흐 라 꺅뜨]

Je ne sais pas. Vérifiez sur la carte !

저는 몰라요. 표지판을 확인하세요!

호텔 체크인하기

Do   예약한 사람의 이름만 말해도 대부분 체크인이 진행됩니다.

Don't   작은 호텔의 경우, 공간이 부족해서 체크인 전이나 체크아웃 후에 짐을 맡아주지 않는 경우도 있으니 주의하세요!

숙소

현지에서 당신이 **하는 말** 👄	현지에서 당신이 **듣는 말** 👂

[봉쥬흐, 제므헤 페흐 몽 체크-인]

Bonjour, j'aimerais faire mon check-in.

안녕하세요, 체크인하고 싶어요.

[뷔-즈 싸봐 보트흐 프헤농 에 농]

Puis-je savoir votre prénom et nom ?

이름과 성을 알 수 있을까요?

[쎄 유진 김]

C'est Yujin Kim.

김유진입니다.

[뷔-즈 아봐 보트흐 빠쓰뽀흐]

Puis-je avoir votre passeport ?

여권 주실 수 있을까요?

...

[부베-부 갸르데 메자페, 씰 부 쁠레]

Pouvez-vous garder mes affaires, s'il vous plaît ?

짐을 맡아주실 수 있나요?

[비앙 쒸흐]

Bien sûr !

물론이죠!

[멕씨 보꾸]

Merci beaucoup !

정말 감사합니다!

호텔에 문의하기

Do 욕조, 인터넷, 세탁기 등의 시설과 체크아웃 시간, 아침 식사, 셔틀 버스 등의 정보를 물어보세요.

숙소

현지에서 당신이 **하는 말**	현지에서 당신이 **듣는 말**

[아 껠러흐 에 르 쁘띠 데즈네]

À quelle heure est le petit déjeuner ?

아침 식사 시간은 몇 시인가요?

[드 씨져흐 아 위떠흐]

De 6h à 8h.

오전 6시부터 8시까지입니다.

[우 에 르 헤스또헝]

Où est le restaurant ?

식당은 어디에 있나요?

[쎄 쥬스뜨 아 꼬떼 듀 로비]

C'est juste à côté du lobby.

로비 바로 옆입니다.

[에-쓰 끄 부자베 르 위피 덩 라 셩브흐]

Est-ce que vous avez le Wi-Fi dans la chambre ?

방에 와이파이 있나요?

[위. 봐씨 르 꼬드 위피 드 보트흐 셩브흐]

Oui. Voici le code Wi-Fi de votre chambre.

네. 여기 고객님 방 와이파이 비밀번호입니다.

[윈 오트흐 쇼즈. 아 껠러흐 빠흐 라 프흐미에 나베뜨 뿔라에호뽀]

Une autre chose. À quelle heure part la première navette pour l'aéroport ?

한 가지 더 여쭤볼게요. 공항으로 가는 첫 셔틀 버스는 몇 시에 있나요?

[레쎄모아 봐. 봐씨 레조헤흐]

Laissez-moi voir. Voici les horaires.

잠시 확인해볼게요. 시간표 여기 있습니다.

호텔에 도움 요청하기

Do 외출할 때는 호텔 프론트에 열쇠를 맡기는 것이 좋습니다. 열쇠를 들고 외출하는 것이 금지된 호텔도 있어요. 이때는 "뿌베-부 갸르데 레 끌레, 씰 부 쁠레? (Pouvez-vous garder les clés, s'il vous plaît ?, 열쇠를 맡아주실 수 있나요?)"라고 하면 된답니다.

Don't 숙소 열쇠를 잃어버리지 마세요. 큰 비용이 청구될 수 있습니다.

숙소

현지에서 당신이 **하는 말** 👄	현지에서 당신이 **듣는 말** 👂

[에쓰뀨제-뫄, 마 뽀뜨 에 페흐메]
Excusez-moi, ma porte est fermée.
죄송한데요, 제 방문이 잠겼어요.

[껠 에 보트흐 뉴메호 드 셩브흐]
Quel est votre numéro de chambre ?
방 번호가 어떻게 되나요?

[제 우블리에 몽 뉴메로]
J'ai oublié mon numéro.
방 번호를 잊어버렸네요.

[껠 에 보트흐 농 에 프헤농]
Quel est votre nom et prénom ?
성과 이름이 어떻게 되세요?

[쎄 유진 김]
C'est Yujin Kim.
김유진입니다.

[부 제뜨 덩 라 셩브흐 밀 꺄트르]
Vous êtes dans la chambre 1004.
귀하의 방은 1004호입니다.

[위 쎄 싸]
Oui, c'est ça !
네, 그거예요!

[즈 베 부 우브히 라 뽀뜨. 옹니 바]
Je vais vous ouvrir la porte. On y va ?
제가 열어드릴게요. 가실까요?

[멕씨]
Merci !
감사합니다!

길 물어보기

Do 요즘은 지도 앱이 잘 되어 있지만, 여러가지 이유로 찾기가 어려운 상황일 때는 행인에게 물어보는 게 가장 빨라요.

Don't 현지인에게 길을 묻는 것을 두려워하지 마세요. 일단 "에쓰뀨제-콰(Excusez-moi, 실례합니다)"로 말을 걸고, 잘 모르면 다시 한번 말해달라고 하세요. 다음 대화로 길 안내 관련 표현을 익혀보세요.

길거리

현지에서 당신이 **하는 말** 👄	현지에서 당신이 **듣는 말** 🔊

[야-띨 앙 막셰 오 뿌쓰 오뚜흐]
Y a-t-il un marché aux puces autour ?
근처에 벼룩시장 있나요?

[쎄 뚜 두화 에 프흐네 라 프흐미에 아 두화뜨. 에 엉쓰위뜨…]
C'est tout droit et prenez la Première à droite. Et ensuite…
직진하시고 오른쪽에 있는 첫 번째 길을 가세요. 그리고 나서…

[아떵데. 뿌베-부 므 르 디흐 렁뜨멍, 씰 부 쁠레]
Attendez. Pouvez-vous me le dire lentement, s'il vous plaît?
잠시만요. 천천히 말씀해주실 수 있나요?

[위. 세뜨 휘. 프흐미에 아 두화뜨]
Oui. Cette rue. Première à droite.
네. 이 길로 가시고, 오른쪽에 있는 첫 번째 길이에요.

[빠쎄 드 빠떼 드 메종 에 부잘레 봐 앙 그호 바띠멍]
Passez 2 pâtés de maisons et vous allez voir un gros bâtiment.
두 구역 가면 큰 건물이 보일 겁니다.

[쓰 쓰하 르 막셰 드 방브]
Ce sera le marché de Vanves.
그게 방브 시장일 겁니다.

[멕씨 보꾸]
Merci beaucoup !
정말 감사합니다!

66

길거리에서 매너 지키기

Do   사람이 많은 길거리에서 길을 양보할 때, 실수로 부딪혔을 때는 다음 표현으로 매너를 지키세요.

현지에서 당신이 **하는 말** 👄	현지에서 당신이 **듣는 말** 🦻

길거리

[아프헤 부]

Après vous !

먼저 지나가세요!

[멕씨]

Merci !

감사합니다!

...

[오 빠흐동]

Oh, pardon !

오, 죄송해요!

[아이! 페트 아떵씨옹]

Aïe ! Faites attention !

아야! 조심하세요!

[브헤멍 데졸레! 싸바]

Vraiment désolé ! Ça va ?

정말 죄송해요! 괜찮으세요?

[위, 싸바]

Oui, ça va !

네, 괜찮아요!

[즈 느 부 제 빠 뷰. 데졸레]

Je ne vous ai pas vu. Désolé.

당신을 못 봤어요. 죄송해요.

[빠 드 프호블렘, 본느 주흐네]

Pas de problème, bonne journée !

괜찮아요, 좋은 하루 되세요!

행인에게 맛집 물어보기

Do   외국에서 현지인에게 말을 거는 것은 어렵지만, 검색으로 나오지 않는 현지인들의 정보를 얻을 수 있습니다. 프랑스인들은 자신감 있는 태도를 좋아하니, 당당하게 질문해보세요!

Don't   가게를 추천 받고 나서 무작정 가기보다는, 구글 맵에서 검색해서 영업 시간이나 예약 가능 여부를 확인하는 것이 좋아요.

길거리

현지에서 당신이 **하는 말** 👄	현지에서 당신이 **듣는 말** 👂

[에쓰뀨제-롸, 메 우 아베-부 아슈떼 쓰 빵?
일라 레흐 브헤멍 봉]

Excusez-moi, mais où avez-vous acheté ce pain ? Il a l'air vraiment bon.

실례지만 그 빵 어디서 사셨나요? 정말 맛있어 보여요.

[즈 래 아슈떼 덩쟈넝두화 아쁠레 위또삐]

Je l'ai acheté dans un endroit appelé 「UTOPIE」.

「위또삐」라고 하는 가게에서 샀어요.

...

[에쓰뀨제-롸. 즈 쒸 앙(윈) 뚜히스뜨,
꼬네쎄-부 드 봉 헤스또헝 오뚜흐]

Excusez-moi. Je suis un(e)* touriste, connaissez-vous de bons restaurants autour ?

실례합니다. 저는 관광객인데요. 이 근처에 맛있는 레스토랑 아시나요?

[아 봉? 알로, 즈 부 흐꺼멍드 아 노스뜨]

Ah bon ? Alors, je vous recommande 「A.Noste」.

그래요? 그럼 「아 노스뜨」를 추천할게요.

[뿌베-부 므 레쁠레]

Pouvez-vous me l'épeler ?

스펠링을 알려주실 수 있나요?

* 말하는 사람이 남자면 un[앙], 여자면 une[윈]입니다.

예약이 필요한 식당 방문하기

Do 맛집은 앱으로 미리 예약하는 것이 좋습니다.

Don't 종업원에게 안내를 받기 전까지는 자리에 앉지 마세요. 불친절한 대우를 받을 수 있습니다.

현지에서 당신이 **듣는 말** 👂))	현지에서 당신이 **하는 말** 👄

[봉쥬흐, 에-쓰 끄 부자베 헤제베]
Bonjour, est-ce que vous avez réservé ?
안녕하세요. 예약하셨나요?

[위, 오 농 드 김 뿌 드 뻭쏜]
Oui, au nom de Kim pour 2 personnes.
네, 김으로 두 명이요.

[빠흐 이씨, 씰 부 쁠레]
Par ici, s'il vous plaît.
이쪽으로 오세요.

...

[봉쥬흐. 쥬 네 빠 헤제베, 쎄 뽀씨블]
Bonjour. Je n'ai pas réservé, c'est possible?
안녕하세요. 예약은 안 했는데요. 가능할까요?

[부제뜨 꽁비앙]
Vous êtes combien ?
몇 분이세요?

[드 뻭쏜, 씰 부 쁠레]
Deux personnes, s'il vous plaît.
두 명입니다.

[데졸레 메 누 쏨 꽁쁠레]
Désolé mais nous sommes complets.
죄송하지만 지금은 자리가 없습니다.

식당

69

자리 안내 받기

Do 프랑스는 카페 테라스에서 흡연이 가능합니다. 테라스석에서 식사를 하는 경우, 옆 테이블에서 담배를 필 수 있다는 점을 유의하세요!

식당

| 현지에서 당신이 **듣는 말** 🎧🎧 | 현지에서 당신이 **하는 말** 👄🗨 |

[봉쥬흐, 쎄 뿌흐 멍제 우 봐흐]
Bonjour, c'est pour manger ou boire ?
안녕하세요. 식사하시나요? 음료만이신가요?

[쎄 뿌흐 부아흐]
C'est pour boire.
(음료만) 마실 겁니다.

[아쎄예-부 이씨 알로흐]
Asseyez-vous ici, alors.
그럼 여기 앉으세요.

[쎄 뽀씨블르 엉 떼하쓰]
C'est possible en terrasse ?
테라스에 앉아도 되나요?

[위 비앙 쒸흐! 앙스딸레-부]
Oui, bien sûr ! Installez-vous.
네, 물론이죠! 앉으세요.

[멕씨]
Merci !
감사합니다!

...

[에쓰뀨제-롸. 아베-부 앙 므뉴 엉 엉글레]
Excusez-moi. Avez-vous un menu en anglais?
실례합니다. 영어 메뉴판 있나요?

[앙 모멍, 씰 부 쁠레]
Un moment, s'il vous plaît.
잠시만 기다려주세요.

음식 주문하기

Do   한국 사람은 자리에 앉으면서 주문을 하는 경우도 있지만, 프랑스 사람은 음식을 고르는 데 10분에서 15분 정도 걸립니다. 여유있게 메뉴를 고르고 점원이 오기를 기다리세요.

Don't   점원이 오지 않는다고 손을 들어서 부르지 마세요. 문화 차이지만 프랑스에서는 굉장히 무례한 행동입니다. 메뉴판을 덮고 내 테이블 담당 직원과 아이컨택 하세요.

현지에서 당신이 **듣는 말** 👂»	현지에서 당신이 **하는 말** 👄<

[봐씨 르 므뉴]
Voici le menu.
여기 메뉴판 있습니다.

[멕씨]
Merci.
감사합니다.

[부자베 쇼아지]
Vous avez choisi ?
고르셨나요?

[마그헤 드 꺄냐흐, 씰 부 쁠레]
Magret de canard, s'il vous plaît.
오리 가슴살 구이 주세요.

(10분 뒤)

[꼼 부와쏭]
Comme boisson ?
음료는요?

[앙 드미, 씰 부 쁠레]
Un demi, s'il vous plaît.
맥주 한 잔 주세요.

[오트흐 쇼즈]
Autre chose ?
더 필요한 것 있으세요?

[윈 까하프 도, 씰 부 쁠레]
Une carafe d'eau, s'il vous plaît.
물(수돗물) 한 병 주세요.

식당

식당 직원과 소통하기

Do 디저트 메뉴판은 따로 있는 경우가 많아요. 메뉴판에 디저트가 없다면 직원에게 요청하세요. "쀠-즈 아 바 라 꺅뜨 데 데쎄흐?(Puis-je avoir la carte des desserts ?, 디저트 메뉴판을 받을 수 있을까요?)"라고 하면 됩니다.

식
당

현지에서 당신이 **듣는 말** 👂ᵢᵢ	현지에서 당신이 **하는 말** 👄

[뚜 바 비앙]
Tout va bien ?
괜찮으세요(음식이 입에 맞으세요)?

[쎄 봉. 에 쀠-즈 아봐 들로]
C'est bon. Et puis-je avoir de l'eau ?
맛있어요. 그리고 물 좀 주실 수 있을까요?

[에-쓰 끄 부 쑤에떼 오트흐 쇼즈]
Est-ce que vous souhaitez autre chose ?
필요하신 것 또 있으세요?

[윈 글라스 바니으, 씰 부 쁠레]
Une glace vanille, s'il vous plaît.
바닐라 아이스크림 부탁합니다.

...

[에-쓰 끄 부자베 피니]
Est-ce que vous avez fini ?
다 드셨나요?

[위, 쎄떼 트헤 봉]
Oui, c'était très bon !
네, 잘 먹었어요!

식사 후 계산하기

Do   프랑스의 식당 음식 가격에는 서비스 비용이 포함돼 있지만, 직원의 친절에 감동받았다면 팁을 따로 줘
도 좋습니다. 팁은 보통 음식 값의 10~15퍼센트가 적당합니다.

Don't   계산을 위해 카운터로 바로 가지 마세요. 자리에서 계산하는 경우가 훨씬 많습니다.

현지에서 당신이 **하는 말** 👄	현지에서 당신이 **듣는 말** 👂

[즈 뻬이 이씨 우 오 꽁뿨]

Je paie ici ou au comptoir ?

계산은 여기서 할까요, 계산대에서 할까요?

　

[부 뿌베 뻬예 이씨]

Vous pouvez payer ici !

여기서 하시면 됩니다!

[봘라]

Voilà !

여기 있습니다!

[빠쎄 윈 본 쏴헤]

Passez une bonne soirée !

즐거운 저녁 보내세요!

[부 오씨]

Vous aussi !

당신도요!

...

[부 뻬예 엉썽블 우 쎄빠헤멍]

Vous payez ensemble ou séparément ?

계산은 같이 하세요, 따로 하세요?

[엉썽블, 씰 부 쁠레]

Ensemble, s'il vous plaît.

같이 부탁드려요.

식
당

케밥 주문하기

Do   프랑스에서 케밥은 한국의 김밥만큼 사랑받는 음식입니다. 프랑스 여행 중 간단하게 끼니를 해결하고 싶을 때는 케밥을 드셔보세요. 케밥 소스는 개인적으로 '알제리안(algérienne)'을 추천하고 싶어요. 달면서 매콤한 맛의 오렌지색 소스랍니다. 한국에 없는 맛이니까 꼭 한번 경험해보세요!

식당

현지에서 당신이 **하는 말** 👄	현지에서 당신이 **듣는 말** 👂

[봉쥬흐. 즈 베 프헝드 앙 께밥 꽁쁠레]
Bonjour. Je vais prendre un kebab complet.
안녕하세요. 꽁쁠레 케밥 하나 먹을게요.

[소스]
Sauce ?
소스는요?

[즈 베 프헝드 소스 알제히엔]
Je vais prendre sauce algérienne,
알제리안 소스로 먹을게요.

[아벡 봐쏭]
Avec boisson ?
음료도 하시나요?

[부자베 듀 꼬꺄]
Vous avez du coca ?
콜라 있나요?

[위, 꼬꺄 노흐말 우 제호]
Oui, coca normal ou zéro ?
일반 콜라요, 제로 콜라요?

[제호, 씰 부 쁠레]
Zéro, s'il vous plaît.
제로 주세요.

카페에서 주문하기

Do   카페에서 메뉴가 준비되면 알려주기 위해 이름을 물어보는 경우가 있어요. "보트흐 프레농?(Votre prénom ?, 이름이 어떻게 되세요?)"이라는 질문을 받으면 이름을 알려주세요.

현지에서 당신이 **듣는 말**	현지에서 당신이 **하는 말**

[봉쥬흐. 께-쓰 끄 즈 쁘 페흐 뿌 부]
Bonjour. Qu'est-ce que je peux faire pour vous ?
안녕하세요. 무엇을 드릴까요?

[드 까페 알롱제, 씰 부 쁠레]
Deux cafés allongés, s'il vous plaît.
카페 알롱제 두 잔 주세요.

[쒸흐 쁠라쓰 우 아 엉뽁떼]
Sur place ou à emporter ?
여기서 드실 건가요, 포장인가요?

[쒸흐 쁠라쓰]
Sur place.
여기서 먹을 거예요.

[오께. 쑤에떼-부 오트흐 쇼즈]
Ok. Souhaitez-vous autre chose ?
다른 주문할 것은 없으세요?

[앙 브호니 쇼꼴라, 씰 부 쁠레]
Un brownie chocolat, s'il vous plaît.
초콜릿 브라우니 하나 주세요.

[부 불레 끄 즈 부 르 쇼프]
Vous voulez que je vous le chauffe ?
데워드릴까요?

[위, 씰 부 쁠레]
Oui, s'il vous plaît.
네, 부탁해요.

카
페

음료가 잘못 나왔을 때

Do 컴플레인처럼 어려운 이야기는 오히려 웃으면서 하면 좋아요!

Don't 한국은 서비스의 천국이지만 프랑스는 그렇지 않습니다. 모두가 친구라는 느낌이기 때문에 너무 따지듯이 말을 하면 나쁜 대우를 받을 수도 있습니다.

현지에서 당신이 **하는 말** 👄	현지에서 당신이 **듣는 말** 👂
[에쓰뀨제-똬. 자베 꺼멍데 앙 까페 누아제뜨] **Excusez-moi. J'avais commandé un café noisette….** 실례합니다. 카페 누아제뜨*를 시켰는데요….	
	[쎄 껠 봐쏭 끄 부자베] **C'est quelle boisson que vous avez ?** 받으신 게 어떤 음료인가요?
[제 앙 까페 알롱제] **J'ai un café allongé.** 카페 알롱제예요.	
	[뿌베-부 므 몽트헤 보트흐 띠께] **Pouvez-vous me montrer votre ticket?** 혹시 영수증을 보여주실 수 있나요?
[봐씨 르 띠께] **Voici le ticket.** 여기 영수증이요.	
	[오, 즈 쓰위 데졸레. 즈 부정 하멘 앙 뚜드 쓰위뜨] **Oh, je suis désolé(e). Je vous en ramène un tout de suite.** 아, 죄송합니다. 바로 가져다 드릴게요.
[멕씨] **Merci.** 감사합니다.	

카페

* 카페 누아제뜨는 에스프레소에 우유 크림을 올린 커피 메뉴예요.

빵 주문하기

Do 빵집 직원들은 대부분 영어를 잘 못 합니다. 프랑스어로 주문하는 것을 추천합니다.

Don't 빵집은 은근히 줄도 길고 사람도 많으니 너무 천천히 주문하지 마세요. 뒷 손님들이 불편할 수 있습니다.

현지에서 당신이 **하는 말** 👄	현지에서 당신이 **듣는 말** 👂
[봉쥬흐] Bonjour. 안녕하세요.	
	[봉쥬흐] Bonjour. 안녕하세요.
[봉쥬흐. 윈 바게뜨, 씰 부 쁠레] Bonjour. Une baguette, s'il vous plaît. 바게트 하나 주세요.	
	[비앙. 아벡 쓰씨] Bien. Avec ceci ? 네. 또 필요한 건요?
[앙 크와썽 에 드 빵 오 쇼꼴라, 씰 부 쁠레] Un croissant et deux pains au chocolat, s'il vous plaît. 크루아상 하나랑 초콜릿 빵 두 개 주세요.	
	[쓰 스하 뚜] Ce sera tout ? 더 필요한 건 없으시죠?
[위, 싸 스하 뚜] Oui, Ça sera tout. 네, 그게 전부입니다.	

빵집

77

디저트 빵 추천 받기

Do 프랑스에서는 빵을 세 종류로 구분합니다. 주식으로 먹는 바게트 같은 빵은 boulangerie[불렁즈히], 크루아상과 같이 페이스트리로 만든 빵은 viennoiserie[비에누와즈히], 마카롱과 케익 같은 디저트는 pâtisserie[파티쓰히]라고 합니다.

빵집

현지에서 당신이 **하는 말** 👄	현지에서 당신이 **듣는 말** 👂

[봉쥬흐. 뿌베-부 므 꽁쎄예 윈 본 빠띠쓰히]

Bonjour. Pouvez-vous me conseiller une bonne pâtisserie ?

안녕하세요. 맛있는 빠띠스히 추천해주실 수 있나요?

[부자베 르 밀푀유 이씨 끼 에 트헤 봉. 르 프헤지에 에 르 빠히-브헤스트, 오씨]

Vous avez le mille-feuille ici qui est très bon. Le fraisier et le Paris-Brest, aussi.

여기 밀푀유 아주 맛있어요. 이 딸기 케이크와 파리 브레스트도 맛있고요.

[즈 베 프헝드 앙 프헤지에 에 앙 빠히 브헤스트]

Je vais prendre un fraisier et un Paris Brest.

딸기 케이크랑 파리 브레스트 하나 주세요.

[트헤 비앙! 싸 프하 너프호, 씰 부 쁠레]

Très bien ! Ça fera 9 euros, s'il vous plaît.

좋아요! 다 해서 9유로입니다.

[봘라 디즈호]

Voilà 10 euros.

여기 10 유로입니다.

[봐씨 앙느호 뿌흐 부]

Voici 1 euro pour vous.

여기 잔돈 1유로입니다.

[본 주르네]

Bonne journée !

좋은 하루 보내세요 !

가게에서 구경만 할 때

Do　"봉쥬흐(Bonjour, 안녕하세요)"라고 인사하는 점원들에게, 역시 "Bonjour"로 인사하세요. 프랑스에서는 인사를 받아주지 않으면 매우 서운해 하거나, 나쁜 대우를 할 수도 있습니다.

Don't　물건을 사지 않고 구경만 할 때, 눈치가 보일 수 있는데요. 당당하게 "즈 흐가르드 쥬스뜨. 멕씨(Je regarde juste. Merci, 그냥 구경만 할게요. 감사해요)"라고 하세요.

현지에서 당신이 **듣는 말** 🎧	현지에서 당신이 **하는 말** 👄

[봉쥬흐]
Bonjour !
안녕하세요.

[봉쥬흐]
Bonjour !
안녕하세요.

[에-쓰 끄 즈 쁘 부 제데]
Est-ce que je peux vous aider ?
안녕하세요. 뭘 도와드릴까요?

[즈 흐가르드 쥬스뜨. 멕씨]
Je regarde juste. Merci.
그냥 구경만 할게요. 감사해요.

[누 쏨 악뛰엘멍 엉 뻬히오 드 쏠드]
Nous sommes actuellement en période de soldes.
요즘 사실 할인 기간이에요.

[껠 쏭 레 프호뒤 엉 프호모씨옹]
Quels sont les produits en promotion ?
어떤 게 할인 품목인가요?

[뚤레 프호뒤 쏘프 쓰라 이씨]
Tous les produits sauf ceux-là ici.
여기 있는 것 제외하고 전부 다입니다.

[위, 즈 베 흐가르데]
Oui, je vais regarder.
알겠습니다. 둘러볼게요.

쇼핑

찾는 물건이 안 보일 때

Do 찾는 물건이 안 보일 때에는 점원에게 사진을 보여주며 문의하세요.

현지에서 당신이 **하는 말** 👄	현지에서 당신이 **듣는 말** 👂

[에쓰뀨제-롸. 아베-부 싸]
Excusez-moi. Avez-vous ça ?
실례합니다. (사진을 보여주며) 이거 있나요?

[레쎄-롸 봐 쒸흐 모 노디나떠]
Laissez-moi voir sur mon ordinateur.
컴퓨터로 찾아볼게요.

[멕씨]
Merci.
감사합니다.

[옹 느 라 쁠루 엉 마가장]
On ne l'a plus en magasin.
매장에 재고가 없네요.

[다꼬흐. 멕씨]
D'accord. Merci.
알겠습니다. 감사합니다.

[오께. 에-쓰 끄 부 쑤에떼 오트흐 쇼즈]
Ok. Est-ce que vous souhaitez autre chose ?
네. 더 필요한 거 있으세요?

[농 멕씨. 즈 베 흐가르데]
Non merci. Je vais regarder.
괜찮아요. 둘러볼게요.

쇼핑

마음에 드는 옷 입어보기

Do 프랑스는 직원이 열쇠로 탈의실을 열어줘야 하는 곳도 있습니다.

현지에서 당신이 **하는 말** 😮‍💨	현지에서 당신이 **듣는 말** 👂

[에쓰뀨제-롸. 쀠-즈 에쎄예 싸]
Excusez-moi. Puis-je essayer ça ?
실례합니다. 이거 입어봐도 될까요?

[위. 빠 이씨, 씰 부 쁠레]
Oui. Par ici, s'il vous plaît.
네. 이쪽으로 오세요.

[메흐씨]
Merci.
감사합니다.

(옷을 갈아입고 나옴)

[쎄 꺼멍]
C'est comment ?
어때요?

[쎄 트호 쁘띠]
C'est trop petit.
너무 작네요.

[쑤에떼-부 윈 따이으 오 드슈]
Souhaitez-vous une taille au-dessus ?
한 치수 더 큰 걸로 입어보시겠어요?

[위, 씰 부 쁠레. 쀠-즈 에쎄예 엉 블루 오씨]
Oui, s'il vous plaît. Puis-je essayer en bleu aussi ?
네, 부탁드려요. 파란색도 입어봐도 될까요?

[비앙 쉬흐. 즈 부 르 하멘 뚜 드 쓰위뜨]
Bien sûr. Je vous le ramène tout de suite.
물론이죠. 바로 가져다 드릴게요.

쇼핑

선물 추천 받기

Do 어떤 선물을 살지 고민이 된다면, 매장에 들어가서 베스트셀러가 무엇인지 물어보세요! 면세 혜택을 위해 쇼핑할 때는 여권을 꼭 챙기세요.

현지에서 당신이 **하는 말** 👄

[봉쥬흐. 껠 에 르 베스트-셀러 이씨]
Bonjour. Quel est le best-seller ici ?
안녕하세요. 여기 베스트셀러는 무엇인가요?

[즈 셰슈 앙 꺄도 뿌 마 파미]
Je cherche un cadeau pour ma famille.
제 가족을 위한 선물을 찾고 있어요.

[즈 쁘 아봐 라 데딱쓰]
Je peux avoir la détaxe ?
세금 환급 받을 수 있나요?

[쎄 꾸물라블 아벡 도트흐 마가장]
C'est cumulable avec d'autres magasins ?
다른 매장이랑 합쳐서 세금 환급 받을 수 있나요?

현지에서 당신이 **듣는 말** 👂

[옹나 뚜뜨 쎄뜨 빠띠]
On a toute cette partie !
여기 있는 게 다 베스트셀러입니다!

[트헤 비앙 ! 브네 빠흐 이씨]
Très bien ! Venez par ici !
좋습니다! 이쪽으로 오세요!

[라 데딱쓰, 쎄 아 빠띠 드 썽 수아썽 꺙즈 으호]
La détaxe, c'est à partir de 175 euros.
세금 환급은 175유로부터 가능합니다.

[농, 부 느 뿌베 빠]
Non, vous ne pouvez pas.
아니요, 그건 안 됩니다.

쇼핑

결제하기

Do 프랑스에서는 꽂거나 긁지 않고 갖다 대기만 해도 결제가 되는 비접촉식 카드를 많이 사용합니다. 가지고 있는 신용카드나 체크카드에 와이파이 모양이 있다면 사용할 수 있으니 확인해보세요!

현지에서 당신이 듣는 말 👂))

[빠 꺄흐뜨 우 어네스뻬쓰]
Par carte ou en espèces?
카드로 하시겠습니까? 현금으로 하시겠습니까?

[에-쓰 끄 부자베 윈 꺄흐뜨 드 피델리떼]
Est-ce que vous avez une carte de fidélité ?
멤버십 카드 있나요?

[부 불레 르 띠께]
Vous voulez le ticket ?
영수증 필요하세요?

[즈 메 르 띠께 덩 르 싹]
Je mets le ticket dans le sac.
영수증은 가방에 넣어 드릴게요.

현지에서 당신이 하는 말 👄⌇

[즈 베 뻬예 빠흐 꺄흐뜨]
Je vais payer par carte.
카드로 결제할게요.

[농. 즈 쓰위 앙(윈) 뚜리쓰뜨]
Non. Je suis un(e)* touriste.
아니요. 저는 여행자입니다.

[아벡 르 띠께, 씰 부 쁠레]
Avec le ticket, s'il vous plaît.
영수증도 같이 주세요.

쇼핑

---

* 말하는 사람이 남자면 un[앙], 여자면 une[윈]입니다.

벼룩시장에서 흥정하기

Do 벼룩시장은 꼭 가보시는 게 좋아요. 활기찬 분위기를 즐길 수 있고, 가끔 보물을 찾을 수 있어요! 고풍스러운 그릇 등 앤티크 소품들을 만날 수 있는 좋은 기회입니다.

Don't 흥정할 수 있다는 건 시장의 매력이긴 하지만, 지나친 흥정은 하지 마세요. 맘에 드는 물건이 있으면 값을 깎기보다 기분 좋게 구매하는 걸 추천해요.

현지에서 당신이 **하는 말** 👄

현지에서 당신이 **듣는 말** 👂

[봉쥬흐, 쎄 꽁비앙]
Bonjour, c'est combien ?
안녕하세요, 이거 얼마예요?

[쎄 디즈호]
C'est 10 euros.
이거 10유로요.

[뿌베-부 페흐 윈 쁘띠뜨 헤둑씨옹]
Pouvez-vous faire une petite réduction ?
조금만 깎아주실 수 있나요?

[즈 쁘 부 페흐 아 너프호]
Je peux vous faire à 9 euros.
9유로에 드릴 수 있어요.

[씨 부 페뜨 아 위뜨호, 자셰뜨]
Si vous faites à 8 euros, j'achète.
8유로면, 살게요!

[트레 비앙 ! 위뜨호]
Très bien ! 8 euros !
좋아요! 8유로!

[멕씨 보꾸]
Merci beaucoup !
정말 감사해요!

[즈 부정 프히]
Je vous en prie.
천만에요.

쇼핑

시장에서 과일 사기

Do   프랑스에서 과일을 꼭 맛보세요. 한국에서 구하기 어렵거나 비싼 과일도 프랑스에서는 아주 싸게 살 수 있고, 정말 맛있어요!

현지에서 당신이 **하는 말** 👄	현지에서 당신이 **듣는 말** 👂
[봉주흐] Bonjour. 안녕하세요.	
	[께-쓰 끄 부 불레] Qu'est-ce que vous voulez ? 뭘 드릴까요?
[데 뻬슈 쁠라뜨, 씰 부 쁠레] Des pêches plates, s'il vous plaît. 납작 복숭아 부탁해요.	
	[꼼싸] Comme ça ? 이 정도요?
[즈 베 엉 프헝드 윈 쁘띠뜨 뽁씨옹] Je vais en prendre une petite portion. 조금만 살게요.	
	[봘라] Voilà ! 여기요!
[뿌베-부 므 도네 앙 쁘띠 싹] Pouvez-vous me donner un petit sac ? 작은 비닐봉지 주실 수 있나요?	
	[위, 본 주흐네] Oui, bonne journée ! 네, 좋은 하루 보내세요!

쇼
핑

공연 티켓 구매하기

Do　공연장 입장 전 소지품 검사를 하는 경우가 많습니다. 소지품 확인에 응해주세요.

Don't　할인 혜택을 놓치지 마세요. 문화 공연이나 박물관 티켓은 나이와 날짜에 따라 할인을 받을 수 있는 경우가 많아요. 미리 온라인으로 확인하는 것이 좋아요.

현지에서 당신이 **하는 말** 👄	현지에서 당신이 **듣는 말** 👂
[드 띠께 뿌 마띨다, 씰 부 쁠레] **Deux tickets pour <Matilda>, s'il vous plaît.** <마틸다> 두 장 주세요.	[쎄 꽁쁠레 쓰 수아] **C'est complet ce soir.** 오늘 밤 공연은 매진입니다.
[에 드망] **Et demain ?** 내일은요?	[일 헤스뜨 데 쁠라쓰 뿔르 마땅] **Il reste des places pour le matin.** 오전 공연은 남아 있습니다.
[아 껠러흐 에-쓰] **À quelle heure est-ce ?** 몇 시예요?	[디즈 어흐] **10h.** 10시요.
[비앙. 즈 베 프헝드 싸] **Bien. Je vais prendre ça.** 알겠습니다. 그걸로 할게요.	

관광

관광 정보 물어보기

Do 파리 전역에는 관광 안내소가 있으니 활용하세요. 파리 패스나 투어 예매, 티켓 정보를 얻을 수 있습니다. 또한 관광지의 안내 센터에서는 해당 장소의 지도와 안내 책자를 얻을 수 있습니다.

현지에서 당신이 **듣는 말**	현지에서 당신이 **하는 말**

[봉쥬흐. 꼬멍 뷔-즈 부제데]

Bonjour. Comment puis-je vous aider ?

안녕하세요. 무엇을 도와드릴까요?

[봉쥬흐. 에-쓰 끄 부자베 라 브호슈흐 엉 꼬헤앙]

Bonjour. Est-ce que vous avez la brochure en coréen?

안녕하세요. 한국어로 된 안내 책자 있나요?

[위, 일 야 오씨 앙 기드 보꺌 꼬헤앙]

Oui, il y a aussi un guide vocal coréen.

네, 한국어 음성 가이드도 있습니다.

[트헤 비앙. 쥬스뜨 윈 께쓰띠옹, 씰 부 쁠레]

Très bien. Juste une question, s'il vous plaît.

아주 좋네요. 한 가지만 더 여쭤볼게요.

[우 뷔-즈 루에 앙 벨로]

Où puis-je louer un vélo ?

자전거는 어디서 빌릴 수 있을까요?

[쎄띠씨]

C'est ici.

(지도를 손가락으로 짚으며) 여기요.

[멕씨 보꾸]

Merci beaucoup !

정말 감사합니다!

[봉 봐야쥬]

Bon voyage !

여행 잘 다녀오세요!

관광

87

스키 장비 빌리기

Do
스키를 좋아한다면, 프랑스에서 꼭 스키를 타보세요. 프랑스는 스키 방학이 있을 정도로 스키에 진심인 나라이며, 세계에서 스키장이 가장 많습니다.

Don't
프랑스 스키장에서는 보통 스키복을 대여해주지 않습니다. 하지만 현지에서 저렴하게 구매할 수 있습니다. 발 사이즈는 보통 유럽식으로 말하지만, 스키장에서는 cm나 mm로 말합니다.

현지에서 당신이 **하는 말** 👄	현지에서 당신이 **듣는 말** 👂

[봉쥬흐. 제므헤 루에 앙 에끼쁘망 드 스끼]
Bonjour. J'aimerais louer un équipement de ski.
안녕하세요. 스키 장비를 빌리고 싶어요.

[비앙 슈흐! 부자베 브좡 드 스끼, 드 바똥 에 데 쇼쑤흐]
Bien sûr! Vous avez besoin de skis, de bâtons et de chaussures?
물론이죠! 스키, 폴, 부츠가 필요하신가요?

[위, 제므헤 오씨 앙 꺄스크]
Oui, j'aimerais aussi un casque.
네, 헬멧도 하나 빌리고 싶어요.

[빠 드 프호블렘. 아쎄이예-부]
Pas de problème. Asseyez-vous.
문제 없어요. 앉으세요.

[부 페뜨 듀 방트화 썽티메트흐. 에쎄이예 쓰씨]
Vous faites du 23cm. Essayez ceci.
(발 사이즈를 잰 뒤) 23cm네요. 이걸 신어보세요.

[엘 므 봉 비앙]
Elles me vont bien.
잘 맞네요.

[봐씨 오씨 앙 꺄스끄 에 데 바똥]
Voici aussi un casque et des bâtons.
여기 헬멧과 폴도요.

[르 꺄스끄 에 트호 그헝 뿌 마 떼뜨]
Le casque est trop grand pour ma tête.
헬멧이 제 머리에는 너무 크네요.

[앙 모멍, 씰 부 쁠레]
Un moment, s'il vous plaît.
잠시만 기다려주세요.

관광

식당에 물건을 두고 나왔을 때

Do   자리를 이동할 때는 두고 오는 물건이 없는지 확인하세요. 여행할 때는 다시 찾아가기 힘든 경우가 많으니까요!

Don't   식당에서 가방을 바닥이나 테이블 아래에 두지 마세요. 소매치기의 표적이 됩니다. 등과 의자 사이나, 무릎 위에 두는 것이 좋습니다.

현지에서 당신이 **하는 말** 👄	현지에서 당신이 **듣는 말**

[에쓰뀨제-봐. 제 레쎄 몽 뽀따블 쒸흐 마 따블]

Excusez-moi. J'ai laissé mon portable sur ma table.

(직원에게) 실례합니다. 제가 테이블에 휴대폰을 두고 왔어요.

[레쎄-봐 봐]

Laissez-moi voir !

확인해보겠습니다!

...

[봉쥬흐. 데졸레 드 부 데헝제]

Bonjour. Désolé de vous déranger.

(손님에게) 안녕하세요. 방해해서 죄송합니다.

[에-쓰 끄 부자베 뷰 앙 아이폰 쒸흐 라 따블]

Est-ce que vous avez vu un iPhone sur la table ?

혹시 테이블 위에 아이폰 못 보셨나요?

[농, 누나봉 히앙 뷰]

Non, nous n'avons rien vu.

아니요, 못 봤어요.

위급

89

기차역 유실물 찾기

Do 기차를 탈 때 캐리어 도난도 주의하세요! 비싼 브랜드의 캐리어라면 자물쇠를 채워놓아도 훔쳐가기도 합니다. 현지인들은 일부러 저렴해 보이는 캐리어를 가지고 다니는 경우도 많습니다.

Don't 사실 유럽에서 물건을 잃어버리면 찾기가 매우 어렵습니다. 그렇지만 물건을 잃어버린 것을 너무 자책 하지는 마세요. 아직 여행이 남아 있습니다!

현지에서 당신이 하는 말 👄	현지에서 당신이 듣는 말 👂

[봉쥬흐, 제 뻬흐듀 몽 뗄레폰 뽀따블 덩 라 가흐]
Bonjour, j'ai perdu mon téléphone portable dans la gare.
안녕하세요. 기차역에서 제 핸드폰을 잃어버렸어요.

[봉쥬흐, 에-쓰 끄 부 부 하쁠레 우 불라베 뻬흐듀]
Bonjour, est-ce que vous vous rappelez où vous l'avez perdu ?
안녕하세요, 혹시 휴대폰을 어디에서 잃어버렸는지 기억하세요?

[덩 라 쌀 다떵뜨. 일레 아벡 르 샤흐져]
Dans la salle d'attente. Il est avec le chargeur.
대기실에서요. 충전기도 딸려 있어요.

[트헤 비앙. 즈 베 알레 베히피에]
Très bien. Je vais aller vérifier.
알겠습니다. 지금 확인하겠습니다.

(몇 시간 뒤)

[누자봉 흐투흐베 보트흐 뽀따블 아벡 르 샤흐져]
Nous avons retrouvé votre portable avec le chargeur.
핸드폰이랑 충전기 찾았습니다.

[브레멍? 멕씨 보꾸! 즈 쁘 브니흐 라]
Vraiment ? Merci beaucoup ! Je peux venir là ?
진짜요? 정말 감사해요! 거기로 가면 되나요?

[위! 브네 디헥뜨멍 오 쎄흐비쓰 세뀨히떼]
Oui ! Venez directement au service sécurité.
네! 바로 보안팀 부스로 오세요.

위급

감기약 구입하기

Do 해외에서 예기치 않은 응급 상황이 발생했을 때, 상담 받을 수 있는 서비스가 있습니다. 카카오톡에서 '소방청 응급 의료 상담 서비스'를 친구 추가하면 전문의 의료 상담을 받을 수 있습니다.

Don't 일반 병원의 경우, 진료를 받으려면 3-4주 정도 대기해야 합니다. 증세가 심각하다면 바로 종합 병원 응급실로 가세요. 당일 진료를 받을 수 있습니다.

현지에서 당신이 **하는 말** 👄	현지에서 당신이 **듣는 말** 👂)

[봉쥬흐. 에-쓰 끄 부자베 앙 메디꺄멍 꽁트흐 르 흄]

Bonjour. Est-ce que vous avez un médicament contre le rhume ?

안녕하세요. 감기약 있나요?

[위. 껠 쏭 보 쎙똠]

Oui. Quels sont vos symptômes ?

증상이 어떠신데요?

[제 들라 피에브흐]

J'ai de la fièvre.

열이 나요.

[에-쓰 끄 부 뚜쎄? 르 네 끼 꿀]

Est-ce que vous toussez ?
Le nez qui coule ?

기침을 하나요? 콧물은요?

[농, 제 말 알라 고흐주]

Non, J'ai mal à la gorge.

아니요. 목이 아파요.

[움. 즈 베 부 도네 싸 알로흐]

Hmm. Je vais vous donner ça alors.

음. 그럼 이걸 드릴게요.

[꽁비앙 돠-즈 엉 프헝드]

Combien dois-je en prendre ?

이 약은 어떻게 복용해야 하나요?

[드 삘룰 빠흐 주르. 아프헤 레 흐빠]

2 pilules par jour. Après les repas.

하루에 두 알씩 드세요. 식후에요.

위급

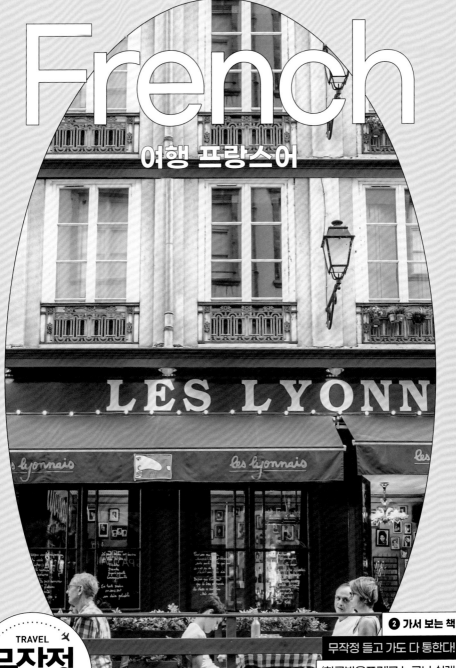

French
여행 프랑스어

LES LYONN

les lyonnais · les lyonnais · les

❷ **가서 보는 책**

무작정 들고 가도 다 통한다!

'한글발음표기'로 누구나 쉽게

상황에 따라 콕 집어 바로 말한다!

문주(파리지앙 2세) 지음

마음을 전하는 **인사 표현**

시간대별 인사

아침/낮 인사
[봉쥬흐]
Bonjour !

저녁/밤 인사
[봉쏴]
Bonsoir !

잘 자요!
[본뉘]
Bonne nuit !

좋은 하루 보내세요!
[본 주흐네]
Bonne journée !

좋은 저녁 보내세요!
[본 쏴헤]
Bonne soirée !

미안한 마음을 전할 때

(가볍게) 죄송합니다.
[빠흐동]
Pardon.

(진지하게) 죄송합니다.
[데졸레]
Désolé(e).

감사한 마음을 전할 때

너무 맛있었어요!
[쎄떼 트헤 봉]
C'était très bon !

여러모로 감사했습니다!
[멕씨 뿍 뚜]
Merci pour tout !

헤어질 때

잘 가요!
[오으부아]
Au revoir !

또 봐요.
[아 비앙또]
À bientôt.

French

여행 프랑스어

❷ 가서 보는 책

여행 프랑스어 무작정 따라하기 일러두기

이 미리 보는 책

여행 프랑스어를 미리 학습해보고 싶은 분께 추천합니다. 실제 상황을 고려해 더욱 풍성한 표현을 배울 수 있습니다.
2주 코스로 공부해 보세요. 당신의 여행이 달라집니다.

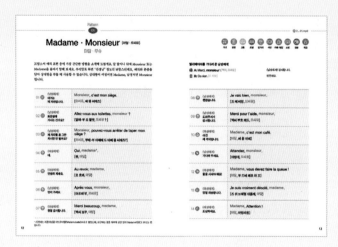

출국부터 귀국까지!

기내·공항-교통-호텔-길거리-카페·빵집-식당-쇼핑-관광-위급 상황별로 꼭 필요한 핵심표현만 담았습니다.

20개 패턴으로 빈틈없이!

최소한의 패턴으로도 여행 중 할 수 있는 거의 모든 말을 할 수 있습니다!

38개 상황으로 든든하게!

앞에서 학습한 패턴을 실제 상황에서 어떻게 쓰는지 상황별로 연습합니다.

실제로 주고받는 표현들을 정리!

내가 하는 말뿐만 아니라, 듣는 말까지 입체적인 학습이 가능합니다.

02 가서 보는 책

언제 어디서나 참고할 수 있는 활용편입니다. 여행 관련 전반적인 정보와 장소별로 많이 쓰는 프랑스어를 담았습니다. 필요한 정보만 쏙쏙 골라 담아, 여행 내내 유용하게 활용하세요.

해외여행이 처음이라도 걱정마세요!

여행할 때 꼭 알아야 할 주의 사항과 입국 시 필요한 사항을 정리했습니다.

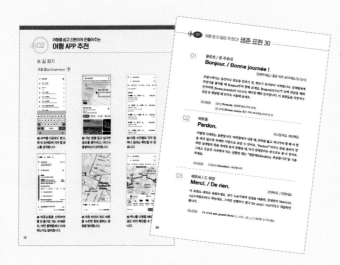

여행을 편리하게 해주는 APP 소개!

여행할 때 유용한 애플리케이션과 활용법을 소개합니다.

꼭 쓰게 되는 생존 표현 30개!

필수 표현 30개를 엄선하여 일목요연하게 정리했습니다.

모든 상황이 한 권에!

 기내 공항 교통 호텔 길거리 카페·빵집 식당 쇼핑 관광 위급

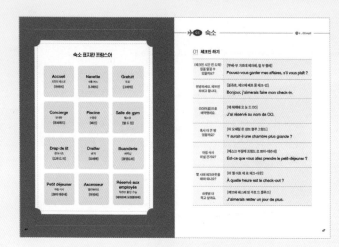

표지판 프랑스어

장소별로 꼭 있는 표지판의 의미를 알아 보세요.

핵심 표현

장소별 핵심 문장이 모여 있어서 바로 찾아 말할 수 있습니다.

부록

숫자, 날짜, 시간, 색깔, 사이즈, 반의어 표현을 정리했습니다.

인덱스

프랑스 여행 핵심 단어를 가나다 순으로 정리했습니다.

4

파리 토박이 문주의 프랑스 여행 꿀팁

여유롭게! 프랑스에서 한국처럼 친절하고 빠른 서비스를 기대하면 실망하게 됩니다. 내가 갖고 있는 기준을 내려놓고, 여유를 가져보세요. 그리고 프랑스의 다른 장점을 즐겨보세요.

정중하게! 예의 있는 사람은 어디서든 호감을 얻죠? 예의를 중시하는 프랑스에서는 더욱 그렇습니다. 눈맞춤과 간단한 프랑스어 인사만으로 좀 더 좋은 대우를 받고, 기분 좋은 여행을 할 수 있습니다.

맛있게! 프랑스는 미식의 나라이지만, 관광지 주변 식당은 가지 마세요. 땅값이 높다 보니 좋은 재료를 쓰기가 어렵고, 음식 가격도 높아요. 현지인이 많고, 메뉴 수가 적고, 칠판에 제철 재료에 따라 바뀌는 메뉴를 쓰는 곳이 진짜 맛집이에요!

눈이 즐겁게! 파리에 가기 전에는 어느 정도 계획을 세우는 것이 좋아요. 볼거리가 너무 많아서요! 조금 뻔할 수도 있지만, 파리의 모든 역사를 볼 수 있는 유람선을 타는 것도 추천해요.

안전하게! 최대한 관광객 티를 내지 마세요. 파리의 소매치기는 관광객을 노립니다. 공항에 내리자마자 도난의 위험이 있으니 짐에서 손과 눈을 떼지 않는 것이 좋습니다. 밤 10시 이후에 이동해야 할 때는 꼭! 택시를 이용하세요!

Table of contents
목차

PART 3

이 정도는
알아야
나갈 수 있다!

🎧 MP3 듣기

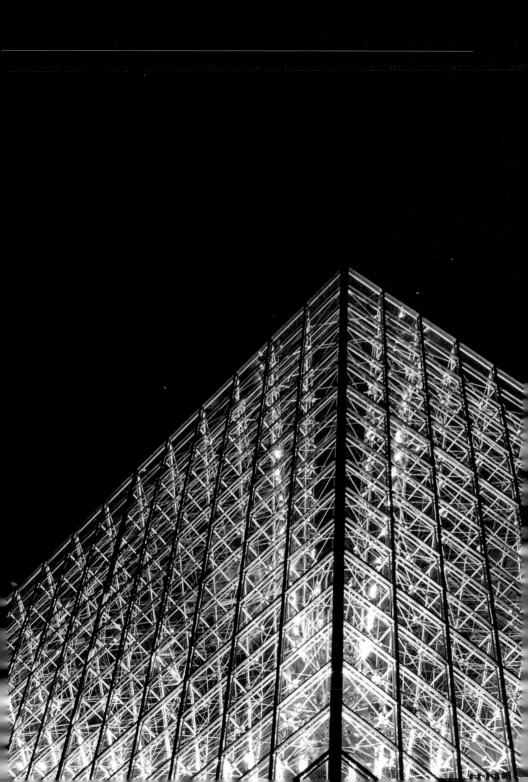

설레는 여행의 시작!
출입국 수속 가이드

01 공항 도착

공항에는 넉넉하게 3시간 또는 최소 2시간 전까지 도착하는 걸 추천해요.
많은 분들이 깜박하기 쉬운 부분이 바로 '수속 마감 시간'이에요! 공항으로 이동하는 교통편을 생각할 때 비행기 출발 시간만 생각하고 일정을 짜는 분들이 많은데요. 보통 국제선은 출발 1시간 전에 수속을 마감합니다! 그렇기에 공항 도착 시간은 비행기 출발 시간 1시간 전을 기준으로 스케줄을 준비하세요.

02 탑승 수속

공항에 도착한 후 바로 탑승 수속을 해두는 게 편해요.
탑승 수속 시 맡긴 수하물은 특별한 경우가 아니라면 다시 꺼내기가 매우 어려우니, 필요한 짐은 꼭 따로 챙겨 두도록 합시다. 위탁 수하물 안에는 라이터, 성냥, 보조배터리, 노트북 등은 넣으면 안 되니 다시 한번 체크! 캐리어의 무게는 공항 곳곳에 위치한 저울로 꼭 재보도록 합시다. 항공사마다 다르지만 추가 요금이 발생해요.

03 출국 수속

보안 검색과 출국 심사를 준비하세요.
보안 검색대로 가면 소지한 물건들을 검사합니다. 벗을 수 있는 겉옷은 다 벗어서 바구니에 넣으라고 하니까, 레이어드를 많이 하는 것보단 간편한 옷차림을 추천해요! 소지품에 칼, 가위, 두 개 이상의 라이터는 금지이니 유의하세요. 요즘은 자동 출입국 시스템이 있어서 빠르게 출국 심사를 할 수 있습니다. 기계에 여권을 직접 가져다 대는 형태이기에 여권 케이스는 미리 벗기는 게 편해요. 검색장을 통과한 후 시간이 남으면 면세점이나 라운지에서 시간을 보낼 수 있습니다.

04 게이트 찾기

탑승 게이트에는 30분 전에 도착하세요.

탑승할 비행기의 게이트를 미리 확인해두도록 합시다. 저가 항공이나 외국 항공사를 이용할 경우 모노레일이나 버스 등을 타고 다른 탑승동으로 이동해야 하는 경우가 있어요. 그럴 때를 대비해 비행기 출발 30분 전에는 출발 게이트에 도착하세요.

05 탑승

드디어 비행기 탑승!

비행기에 탑승하면 입구에서 승무원에게 여권과 티켓을 보여주고 좌석을 확인 받아요. 탑승 후에는 승무원의 지시에 따라 안전벨트를 착용한 후 이륙 후 안내가 있기 전까지는 테이블을 내리면 안 됩니다. 또 창가 자리의 경우 안내가 있기 전까진 창문 덮개를 열어 둡니다. 또 대구 공항, 김해 공항 등 군사 공항으로 이용되는 공항에서는 촬영이 금지되니 이 점 유의하세요.

06 도착

입국 심사와 세관 신고만 하면 끝!

2023년 7월부터 샤를 드골 공항은 대한민국을 포함한 일부 국가를 대상으로 자동 출입국 심사(PARAFE)를 실시합니다. 만 18세 이상(도착편은 만 12세 이상 가능)의 대한민국 국민은 이용이 가능합니다. PARAFE라고 표시된 기계에서 전자 여권을 스캔하고 안면 인식을 한 뒤, 심사관의 입국 심사 날인을 받으면 끝입니다. 사전 등록을 하지 않아도 가능합니다.

C'est parti!

여행을 쉽고 간편하게 만들어주는

여행 APP 추천

02

01 길 찾기

구글 맵스 (Google Maps) 📍

❶ APP을 다운로드 받고, 맨 위 검색창에 가야 할 장소를 검색합니다.

❷ 가는 법을 알고 싶다면 경로를 클릭하고, 어디서 출발하는지 입력합니다.

❸ 이동 수단별로 각각 얼마나 걸리는 확인할 수 있습니다.

❹ 대중교통을 선택하면 몇 번 출구로 가는 게 빠른지, 어떤 플랫폼에서 타야 하는지도 알려줍니다.

❺ 우측 하단의 위치 버튼을 누르면 현재 향하는 방향을 알려줍니다.

❻ 택시를 이용할 때의 요금도 미리 확인할 수 있습니다.

02 택시 타기

(1) 볼트 (Bolt) * 구글 맵스와 연동되는 것이 장점인 택시 APP입니다.

❶ 구글 맵스에서 [택시]-[Bolt]-[앱 열기]를 누르세요.

❷ Bolt 앱에서 차종을 선택하세요.

❸ 픽업 포인트를 조정하고 [Confirm order]을 누르세요.

(2) 우버 (Uber) * 한국에서 사용하던 우버 APP을 그대로 사용할 수 있어 편리합니다.

❶ 우버 앱을 열고 목적지와 현재 위치를 설정합니다.

❷ 현재 근처에 있는 우버 택시를 확인할 수 있습니다.

❸ 가장 저렴한 요금 순 또는 가장 빠른 픽업 순으로 선택할 수 있습니다.

03 그 외 교통

(1) Lime

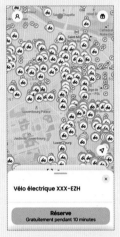

공유 전기 자전거 APP입니다. 가입과 이용 모두 간편합니다.

(2) velib

파리의 '따릉이' 공유 자전거 APP입니다. 요금이 저렴하고, 나비고 교통카드로 인증할 수 있습니다.

(3) IDF Mobilités

나비고 교통카드를 충전할 수 있는 APP입니다.

(4) Citymapper

공유 자전거 위치, 계단을 덜 이용하는 경로 등 다양한 정보를 알려주는 지도 APP입니다.

04 번역기

(1) Google 번역

❶ 구글에서 만든 번역기입니다. ❷ 미리 언어팩을 다운로드 해두면 오프라인 상태에서도 번역이 가능합니다. ❸ 특히 [카메라] 기능은 메뉴판 등을 이미지 번역을 할 수 있어 편해요. ❹ 마이크를 한 번만 누르면 실시간 음성 번역이 가능합니다.

(2) 파파고 (papago)

❶ 네이버에서 만든 번역기입니다. ❷ 일반 번역부터 음성 검색, 직접 그린 글자 인식 번역도 가능합니다. ❸ 이미지 번역도 지원합니다. ❹ 미리 언어팩을 다운로드 해두면 오프라인 상태에서도 번역이 가능합니다.

(3) Chat GPT와 AskUp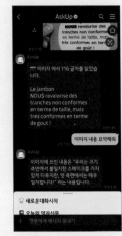

❶ Upstage에서 개발된 대화형 인공지능 챗봇입니다. ❷ "~을 프랑스어로 알려줘."라고 하면 번역기처럼 이용 할 수 있습니다. ❸ 광범위한 정보에 기반한 앱이기 때문에 다른 번역 APP보다 좀 더 종합적인 정보를 검색 할 수 있습니다. 예를 들어 여행 일정이나 여행 중 필요한 정보를 얻을 때도 활용이 가능합니다. ❹ 카카오톡에 AskUp을 친구 추가하면 ChapGPT를 카카오톡에서도 활용할 수 있습니다. ❺ AskUp에게 사진을 찍어서 보내면 사진 번역도 가능합니다.

05 관광

(2) KLOOK (클룩)

❶ 각종 관광지 티켓, 체험, 투어 등을 예약할 수 있는 플랫폼입니다. ❷ 파리 뮤지엄 패스, 파리 디즈니랜드 티켓도 할인된 가격으로 구매할 수 있어요. ❸ 유럽 국가 내 이동 열차도 한국어로 예매할 수 있습니다.

16

(2) 마이리얼트립

❶ 항공, 숙소, 교통, 투어와 액티비티를 예약할 수 있는 플랫폼입니다. ❷ 파리의 다양한 여행 상품을 구매할 수 있습니다. ❸ 호텔, 리조트, 한인민박을 예약할 수 있습니다. ❹ 다양한 관광지의 가이드 투어를 찾을 수 있어요.

(3) 에어비앤비

❶ 에어비앤비에서 숙소 예약뿐만 아니라 체험도 할 수 있습니다. ❷ 요리, 사진 촬영, 명소 투어 등 현지인과 함께 독특한 경험을 해 볼 수 있습니다. ❸ 관심있는 체험을 클릭하면 자세한 설명과 참여자의 리뷰를 읽어볼 수 있어요.

06 맛집 찾기

(1) 구글 맵스 (Google Maps)

① 구글 맵스에서 맛집도 찾을 수 있습니다. ② 음식점에 대한 다양한 정보와 예약 링크를 찾을 수 있습니다. ③ 사용자들의 평점도 꽤 정확합니다. ④ 지금 내가 있는 위치에서 맛집을 찾을 때 특히 유용하게 쓸 수 있습니다.

(2) UBER EATS

음식 배달 APP입니다. 여행 중 날씨가 좋지 않거나, 바깥에서 먹기 싫은 날 파리에서도 배달을 이용해 보세요.

(3) The Fork

레스토랑 예약 APP입니다. 유명 레스토랑도 편리하게 예약할 수 있고, 할인도 받을 수 있습니다.

07 기타

(1) 환전

트래블월렛, 토스 등 환전을 편리하게 해주는 카드를 준비해 가세요. 수수료 없이 현지 통화를 충전/결제/ATM 인출할 수 있습니다

(2) Currency

실시간으로 환율을 확인할 수 있는 APP입니다. 환율 추이도 볼 수 있습니다.

(3) 트리플

여행 일정과 동선을 짤 수 있는 APP입니다. 항공권, 숙소, 투어 티켓 등도 예약 가능합니다.

(4) 해외안전여행

해외 여행 시 발생하는 위기 상황을 대처할 수 있는 매뉴얼 APP입니다.

생존 표현 30

01

봉쥬흐 / 본 주흐네
Bonjour. / Bonne journée !

안녕하세요. / 좋은 하루 보내세요.(낮 인사)

프랑스에서는 용건이나 질문을 말하기 전, 반드시 인사부터 합니다. "Bonjour[봉쥬흐]"가 낮에 만났을 때의 인사라면, "Bonne journée[본 주흐네]"는 헤어질 때의 인사입니다. 식당이나 상점 등을 방문할 때 이 표현들을 인사로 사용해보세요.

유사표현　[봉쏴] Bonsoir. 안녕하세요.(저녁 인사)
　　　　　[본 쏴헤] Bonne soirée 좋은 저녁 보내세요.(저녁 인사)

02

빠흐동
Pardon.

지나갈게요. 미안해요.

가볍게 사과하는 표현입니다. 지하철에서 내릴 때, 인파를 뚫고 지나가야 할 때 이 말을 하지 않으면 무례한 사람으로 보일 수 있어요. "Pardon ?"이라고 끝을 올려서 말하면 상대방의 말을 제대로 듣지 못했을 때, 다시 말해달라는 뜻으로도 쓸 수 있어요. 그리고 무조건 사과해야 하는 상황일 때는 "데졸레(Désolé(e), 죄송합니다)"를 사용하세요.

유사표현　[데졸레] Désolé(e). 죄송합니다.

03

멕씨 / 드 히앙
Merci. / De rien.

고마워요. / 천만에요.

이 표현은 세트로 외워두세요. 내가 누군가에게 친절을 베풀면, 상대방이 "Merci[멕씨]"라고 하는데요. 그러면 당황하지 말고 "De rien[드 히앙]"이라고 대답하면 됩니다.

유사표현　[쓰 네 빠 그헝 쇼즈] Ce n'est pas grand chose. 대단한 것 아닌데요.

04

에쓰뀨제-똬

Excusez-moi.

저기요. 실례합니다. 미안합니다.

처음 보는 사람에게 말을 걸 때, "실례합니다" 한 마디를 먼저 하는 편이 훨씬 좋습니다. 또한 누군가의 발을 밟았거나 몸을 부딪혀서 가볍게 사과할 때도 사용해보세요.

유사표현   [빠도네-똬] **Pardonnez-moi.** 죄송합니다.

05

쎄 오께

C'est ok.

괜찮아요.

프랑스에서도 영어의 "Ok"를 씁니다. 발음은 프랑스식으로 하는데요. "오께"라고 하면 됩니다. 끝만 올려서 "괜찮을까요?"라고 질문할 때도 쓸 수 있습니다. 그리고 우리말의 "괜찮아요."와 똑같이 상대방의 사과에 대해 대답할 때도 쓸 수 있고, 부드럽게 거절할 때도 사용할 수 있습니다.

유사표현   [다꼬흐] **D'accord.** 알겠습니다.

              [싸 바] **Ça va ?** 괜찮아요?(※ "안녕?"이라는 뜻으로도 쓰입니다.)

06

쎄 꽈

C'est quoi ?

이게 뭐예요?

여행을 하다 보면 신기하고 궁금한 게 많을 텐데요. 사물이나 말의 의미 등 모르는 것을 질문할 때 폭넓게 쓸 수 있는 표현입니다. 뒤에 "씰 부 쁠레(s'il vous plaît, 부탁합니다)"를 붙이면 더 예의를 갖춘 질문이 됩니다.

유사표현   [께-스 끄 쎄] **Qu'est-ce que c'est?**

              이것은 무엇입니까?(※ C'est quoi?의 문어체 표현)

07 쎄 꽁비앙
C'est combien ?
얼마예요?

구입하고 싶은 것의 이름을 모를 때, 이 표현을 사용하세요. 손가락으로 가리키면서 수량 또는 가격을 묻는 표현입니다. 가게에서 물건을 사거나, 공연 티켓을 예약할 때, 음식값을 계산할 때 등 다양하게 사용할 수 있습니다.

유사표현   [싸 꾸뜨 꽁비앙] Ça coûte combien? 이것은 얼마인가요?
[싸 페 꽁비앙] Ça fait combien? 전부 얼마인가요?
[껠레 르 프히] Quel est le prix? 가격이 얼마인가요?

08 라디씨옹, 씰 부 쁠레
L'addition, s'il vous plaît.
계산서 부탁합니다.

식당이나 카페를 이용한다면 꼭 사용하게 될 표현입니다. 이 표현을 사용할 때는 주의할 점이 있습니다. 프랑스에서는 손을 들거나 "저기요~" 하고 직원을 부르는 것이 예의가 아니기 때문에, 담당 서버를 아이 콘택트로 부른 뒤, 이 말을 해야 해요.

관련표현   [옹 바 뻬예 쎄빠헤멍] On va payer séparément. 각자 계산할게요.

09 빠 꺅뜨, 씰 부 쁠레
Par carte, s'il vous plaît.
카드로 부탁드려요.

계산할 때 "빠 꺅뜨?(Par carte ?, 카드로 하시겠습니까?)"라는 말을 듣게 될 거예요. 이때 카드로 계산한다면 이 표현을 사용하세요.

관련표현   [어네스뻬쓰, 씰 부 쁠레] En espèce, s'il vous plaît. 현금으로 부탁드려요.

10

아베-부 뒤 위피, 씰 부 쁠레
Avez-vous du Wi-Fi, s'il vous plaît ?

와이파이가 있나요?

대부분의 카페나 레스토랑에서 고객을 위해 와이파이를 제공합니다. 상점의 경우에는 제공하지 않는 경우가 있으니 주의하세요. 정중하게 묻는 것이 좋습니다.

관련표현 [쎄 꽈 르 꼬드 위피] **C'est quoi le code Wi-Fi ?** 와이파이 비밀번호가 무엇인가요?

11

우 쏭 레 뚜왈레뜨, 씰 부 쁠레 ?
Où sont les toilettes, s'il vous plaît ?

화장실은 어디에 있나요?

프랑스에서는 우리나라처럼 무료인 화장실을 찾기가 힘들어요. 카페나 음식점에는 이용객들을 위한 화장실이 있는 경우가 있는데요. 이때 사용할 수 있는 표현입니다. 다만 이용객을 위한 화장실이라서 음료를 주문하지 않고 그냥 이용하려고 하면 거절 당할 수 있으니 주의하세요.

12

즈 부드헤 싸, 씰 부 쁠레
Je voudrais ça, s'il vous plaît.

이거 부탁합니다.

가게나 식당에서 특정 물건이나 음식을 가리키며 요청할 때 유용한 표현입니다. ça[싸] ('이것'을 의미하는 지시대명사)를 물건이나 메뉴 이름으로 바꿔서 말해도 됩니다. "즈 부드헤 싸(Je voudrais ça)"라고만 말해도 의미가 전달되지만, 약간 무례하게 들릴 수 있습니다. 그래서 뒤에 "씰 부 쁠레(s'il vous plaît)"를 붙여서 말하는 것이 좋습니다.

13

아베-부 싸

Avez-vous ça ?

(휴대폰으로 사진을 보여주면서) 이것 있나요?

사고 싶은 물건이 있는데, 이름을 모른다면 이 표현을 이용해서 직원에게 찾아달라고 부탁해보세요. 제품 이름이나 사진을 보여주면서 요청하면 필요한 물건을 더 쉽게 찾을 수 있을 거예요!

관련표현 [아베-부 싸 엉 에쓰] **Avez-vous ca en S ?** 이거 S 사이즈 있나요?

14

즈 흐갸드 쥬스뜨

Je regarde juste !

그냥 구경하려고요!

가게에 들어가면, 점원들이 간단한 인사와 함께 "에-쓰 끄 즈 쁘 부 제데?(Est-ce que je peux vous aider ?, 도와드릴까요?)"라는 말을 할 겁니다. 특별히 찾는 물건이 있는 게 아니라 잠시 둘러보고 싶다면, 이렇게 말하면 됩니다.

유사표현 [즈 베 다보르 흐갸르데] **Je vais d'abord regarder.** 일단 둘러보고요.

15

뷔-즈 에쎄예 싸

Puis-je essayer ça ?

이거 입어(써)봐도 될까요?

쇼핑을 좋아한다면 정말 유용하게 쓸 수 있는 표현입니다. 옷을 입어보거나, 물건을 사용해보고 싶을 때 정중하고 매너 있게 요청해보세요.

유사표현 [껠 따이 페트-부] **Quelle taille faites-vous ?** 사이즈가 어떻게 되세요?

16

뿌베-부 르 디흐 이씨

Pouvez-vous le dire ici ? 여기에 말씀해주실 수 있나요?

상대방의 말을 이해하기 어려워서 번역기 앱에 대고 말해달라고 하고 싶을 때 이 표현을 쓸 수 있습니다.

관련표현 [부 뿌베 빠흘레 렁뜨망. 씰 부 쁠레]
Vous pouvez parler lentement, s'il vous plaît?
좀 천천히 말씀해주실 수 있나요?

17

즈 느 빠흘르 빠 트헤비앙 프헝쎄

Je ne parle pas très bien français !

저 프랑스어 잘 못 해요!

프랑스어로 몇 마디 했더니, 갑자기 프랑스어를 쏟아내며 대화를 하려는 사람들에게 이렇게 말씀하시면 됩니다.

관련표현 [빠흘레-부 앙글레] **Parlez-vous anglais ?** 영어 할 수 있나요?

18

쥬 네 빠 헤제베, 쎄 뽀씨블

Je n'ai pas réservé, c'est possible ?

예약은 안 했는데요. 괜찮을까요?

인기 있는 식당이나 가격대가 높은 레스토랑에 간다면 "에-쓰 끄 부자베 헤제베?(Est-ce que vous avez réservé ?, 예약하셨나요?)"라는 말을 많이 들을 거예요. 예약을 미리 하면 좋겠지만, 그러지 못한 경우도 있는데요. 그럴 때 이 표현을 사용해보세요.

19
쒸흐 쁠라쓰
Sur place.
여기서 먹고 갈게요.

카페에 들어가면 "쒸흐 쁠라쓰 우 아 엉뽁떼?(Sur place ou à emporter ?, 여기서 드시나요? 테이크아웃 하시나요?)"라는 말을 듣게 되는데요. 먹고 갈 경우 이렇게 말해보세요.

관련표현   [아 엉뽁떼] **À emporter.** 테이크아웃 할게요.

20
부 므 꽁쎄예 꽈
Vous me conseillez quoi ?
무엇을 추천하시나요?

제가 식당에 가면 자주 쓰는 말입니다. 그 가게의 추천 음식을 맛보고 싶을 때 쓰는 표현입니다. 메뉴판을 봐도 뭘 시켜야 할지 모르겠을 때 이 문장을 사용하세요!

유사표현   [제므헤 프헝드 르 메여르 쁠라 이씨] J'aimerais prendre le meilleur plat ici.
여기서 제일 맛있는 음식을 먹고 싶어요.

21
쓰 뷰쓰 바-띨 알라 뚜흐 에펠
Ce bus va-t-il à la Tour Eiffel ? 이 버스 에펠탑 가나요?

꼭! 요금을 내기 전에, 버스 기사님께 큰 소리로 질문하세요. 기사님이 "위(Oui, 네)" 또는 "농(Non, 아니오)"로 대답해줄 겁니다. 그리고 항상 질문하기 전에 인사를 하세요. 인사 없이 질문부터 하면, 무례한 사람으로 비칠 수 있어요.

유사표현   [에-쓰 끄 부잘레 아 라 뚜흐 에펠] Est-ce que vous allez à la Tour Eiffel ?
혹시 에펠탑으로 가시나요?

22 쎄 빠 쓰 끄 즈 브
C'est pas ce que je veux.

제가 원하는 게 아니에요.

주문한 음식이 잘못 나왔을 때 등 여러 상황에서 응용 가능한 표현입니다. 그럴 때는 이 표현으로 확실하게 말하는 것이 좋습니다.

유사표현   [쓰 네 빠 쓰 끄 제 꼬멍데] **Ce n'est pas ce que j'ai commandé.**
             이거 제가 주문한 게 아닌데요.

---

23 뿌베-부 갸흐데 메 발리즈
Pouvez-vous garder mes valises ?

캐리어를 맡아주실 수 있나요?

체크인 시간 전에 호텔에 도착했거나, 체크아웃 후 출발까지 시간이 남아서 무거운 캐리어를 맡겨야 할 때 사용하는 표현입니다. 호텔에 따라 무료로 맡아주는 곳도 있지만, 팁을 요구하기도 합니다. 안전상의 이유로 아예 거절하는 곳도 있습니다.

유사표현   [쀠-즈 레쎄 몽 바갸즈 이씨] **Puis-je laisser mon bagage ici ?**
             이곳에 제 짐을 둘 수 있나요?

---

24 제 브쟝 데드
J'ai besoin d'aide.

도움이 필요해요.

도움을 요청할 때 사용하는 표현입니다. 긴급한 경우에는 '지금', '당장'이라는 뜻의 Maintenant[맹뜨넝]을 문장 끝에 추가하세요.

유사표현   [에데-롸, 씰 부 쁠레] **Aidez-moi, s'il vous plaît.** 도와주세요.

25

제 레쎄 마 끌레 덩 마 샹브

J'ai laissé ma clé dans ma chambre.

방 안에 열쇠를 두고 왔어요.

대부분의 호텔은 방을 나가면 자동으로 문이 잠깁니다. 방 열쇠를 방에 두고 나갔을 경우, 직원에게 이렇게 말하면 됩니다. 그러면 마스터키를 이용해 문을 열어줄 거예요.

관련표현　　[즈 네 빠드 끌레] Je n'ai pas de clé. 저한테 열쇠가 없어요.

26

재 하떼 몽나비옹

J'ai raté mon avion !

비행기를 놓쳤어요!

비행기를 놓치면 정말 당황스럽겠죠! 바로 해당 항공사에 가서 여권과 비행기 표를 보여주면서 이 표현을 쓰세요. 늦은 이유가 이전 비행기의 지연 때문이라면 "빠쓰끄 몽 나비옹 아 에떼 흐따흐데(Parce que mon avion a été retardé, 왜냐하면 제 비행기가 늦어졌어요)"라고 말하면 됩니다. 그럴 경우 대개 다음 비행기 편을 예약해줍니다.

관련표현　　[야-띨 앙 씨에즈 덩 르 프호샤나비옹]
　　　　　　Y a-t-il un siège dans le prochain avion ?
　　　　　　혹시 다음 비행기에 빈 자리 있나요?

27

제므헤 샹제 드 띠께

J'aimerais changer de ticket.

표를 변경하고 싶어요.

기차, 공연, 항공 등 예약을 변경하고 싶을 때 사용하는 표현입니다. 아예 취소하고 싶다면 "제므레 아뉠레 몽비예(J'aimerais annuler mon billet, 제 비행기표를 취소하고 싶어요)"라고 말하면 됩니다.

유사표현　　[쀠-즈 샹제 드 띠께] Puis-je changer de ticket ? 표를 변경할 수 있을까요?

28

야-띨 윈 파흐마씨 오뚜흐

Y a-t-il une pharmacie autour ?

근처에 약국이 있나요?

'Y a-ti-il~ autour ?'는 근처에서 특정 장소를 찾을 때 쓸 수 있는 표현입니다. une pharmacie[윈 파흐마씨]를 찾고 있는 다른 장소로 바꿔서 말해보세요.

유사표현   [우 에 라 파흐마씨] Où est la pharmacie ? 약국이 어디에 있나요?

29

뿌베-부 아쁠레 레쥐흐정스

Pouvez-vous appeler les urgences ?

구급차를 불러주실 수 있나요?

외국에서 갑자기 구급차를 불러야 하는 상황이 발생할 수 있습니다. 그럴 땐 이 표현을 사용하세요. 구급차를 부를 정도는 아니더라도, 급하게 진단을 받아야 한다면 응급실에 가세요. 프랑스 병원은 시스템이 달라서 병원에서 의사의 진단을 받으려면 몇 주 전에 예약을 해야 합니다. 참고로 프랑스의 응급실에는 사람이 항상 많아요. 몇 시간 기다려야 할 수 있습니다.

30

프흐네 뚜! 매 레쎄-롸, 씰 부 쁠레

Prenez tout ! Mais laissez-moi, s'il vous plaît.

다 가져가세요! 대신 제발 보내주세요.

혹시 강도를 만나면, 지갑을 주고 그냥 보내달라고 하는 편이 다치지 않는 방법입니다. 신용카드는 바로 한국으로 전화해서 정지 신청을 하세요. 경찰서에 가서 신고를 할 수는 있지만, 워낙 이런 사건들이 많아서 잃어버린 물건을 다시 찾기는 어려울 겁니다. 이른 시간이나 늦은 오후에 인적이 드문 곳에는 다니지 마시고, 꼭 밤을 나가야 한다면 택시를 이용하세요. 이 표현을 쓸 일이 절대 없기를 바랍니다!

PART 4

장소별 프랑스어, 이것만은 들고 가자!

🎧 MP3 듣기

01
기내/공항 ✈

비행기를 탈 때는 '누가 내 옆에 앉을까' 하고 항상 기대 반 걱정 반인 것 같아요. 비행기 타기 전에 꼭 알아야 할 꿀팁을 소개해 드릴게요! C'est Parti !

>장거리 비행은 통로 쪽 좌석도 좋아요.
원래 저는 하늘을 볼 수 있는 창문 좌석을 선호했는데요. 프랑스-한국은 장거리 비행(최소 12시간 이상)이다 보니 통로 쪽 자리가 편하더라고요. 화장실 갈 때, 스트레칭할 때, 기내식을 받을 때 좋아요!

>겉옷과 마스크를 챙기세요.
기내는 22~24도로 온도가 낮은 편이에요. 밤이 되면 기온이 더 내려갑니다. 추위를 잘 타는 편이라면 겉옷과 마스크를 챙기세요. 물도 자주 마셔주는 것이 좋습니다.

>공항에서 내 수하물을 못 찾았다면!
공항에서 수하물을 못 받는 경우가 종종 있습니다. 그럴 때는 공항을 떠나지 말고 바로 항공사 수하물 신고 센터에 신고하세요. 분실에 대비해서 수하물 표를 잘 챙겨두는 것이 좋습니다.

>한국인이라면 빠르게 출입국 할 수 있어요!
프랑스에는 자동 출입국 심사 기계인 PARAFE가 있습니다. 국적에 따라 사용 범위가 달라지는데요. 대한민국 여권 소지자라면 출입국 모두 자동 심사가 가능합니다. PARAFE 기계는 파리 샤를 드골 공항, 파리 오를리 공항, 니스 코트다쥐르 국제 공항 등에 설치되어 있습니다.

기내/공항 표지판 프랑스어

Carte d'embarquement
탑승권
[꺄뜨 덩바끄멍]

Numéro de vol
편명
[뉘메호 드 볼]

Siège
좌석
[씨에즈]

Gilet de sauvetage
구명 조끼
[질레 드 소브따주]

Interdiction de fumer
금연
[앙떼르딕씨옹 드 퓨메]

Sortie de secours
비상구
[쏙띠 드 쓰꾸]

Valise
여행 캐리어
[발리즈]

Passeport
여권
[빠스뽀]

Bagage
수하물
[바가즈]

Toilettes
화장실
[뚜왈레뜨]

Occupé
사용 중
[오뀨뻬]

Libre
비어 있는
[리브흐]

Jetez ici vos déchets
쓰레기는 여기에 버리세요
[즈떼 이씨 보 데셰]

Tirez la chasse d'eau
물을 내리세요
[띠헤 라 샤쓰 도]

Accès interdit au public
관계자 외 출입 금지
[악쎄 앙떼흐디 또 쀠블리끄]

01 자리

여기는 제 자리입니다.	[쎄 몽 씨에즈] C'est mon siège.
지나가도 될까요?	[쀠-즈 빠쎄] Puis-je passer ?
의자를 뒤로 젖혀도 될까요?	[쀠-즈 흐뀔레 몽 씨에즈] Puis-je reculer mon siège ?
저기요. 자리를 발로 차지 마세요.	[에쓰뀨제-롸. 아헤떼 드 프하페 몽 씨에즈] Excusez-moi. Arrêtez de frapper mon siège.
짐을 여기에 둬도 되나요?	[쀠-즈 레쎄 메자페 이씨] Puis-je laisser mes affaires ici ?
가방을 꺼내야 해요.	[즈 돠 쏘띠흐 몽 싹] Je dois sortir mon sac.

02 기내식

음료는 어떤 것이 있나요?	[껠 봐쏭 야-띨] Quelle boisson y a-t-il ?

물 부탁합니다.	[들로, 씰 부 쁠레] De l'eau, s'il vous plaît.
나중에 먹어도 되나요?	[쀠-즈 멍제 쁠루 따흐] Puis-je manger plus tard ?
식사는 언제인가요?	[아 껠 어흐 에 르 흐빠] À quelle heure est le repas ?

03 화장실

누구 있나요?	[야-띨 껠깡] Y a-t-il quelqu'un ?
혹시 줄을 서시는 거예요?	[에-쓰 끄 부 페뜨 라 끄] Est-ce que vous faites la queue ?
저 줄 서고 있어요.	[즈 페 라 끄] Je fais la queue.
토할 것 같아요.	[즈 크와 끄 즈 베 보미] Je crois que je vais vomir.

04 수하물 찾기

수하물은 어디서 찾나요?	[우 뷔즈 헤뀨뻬헤 메 바가즈] Où puis-je récupérer mes bagages ?
수하물 찾는 곳에서 짐을 못 찾았습니다.	[즈 느 트후브 빠 몽 바가즈 쒸흐 르 따삐] Je ne trouve pas mon bagage sur le tapis.

05 공항에서 도심으로

RER B* 타는 곳은 어디인가요?	[우 뷔-즈 프헝드 르 에흐으에흐 베] Où puis-je prendre le RER B ? * RER B는 프랑스 고속 열차입니다. 가격이 가장 저렴하고 가장 빨리 시내에 도착합니다. 하지만 치안이 좋지 않고, 에스컬레이터가 없는 경우가 많아서 사람이 없는 시간대나 짐이 많은 경우 추천하지 않습니다.
Roissy Bus* 타는 곳은 어디인가요?	[우 뷔-즈 프헝드 르 호아씨 뷰쓰] Ou puis-je prendre le Roissy bus ? * Roissy Bus는 샤를 드 골 공항과 오페라 가르니에를 오가는 버스입니다.
택시 정류장은 어디인가요?	[우 에 라 쓰따씨옹 드 딱시] Où est la station de taxi ?
택시로 파리까지 가면 얼마예요?	[쎄 꽁비앙 뿔르 딱시 주스꺄 빠히] C'est combien pour le taxi jusqu'à Paris ?

요금은 얼마인가요?	[껠 에 르 따히프] Quel est le tarif ?

06 문제 상황

제 여행 가방이 아직 도착하지 않았어요.	[마 발리즈 네 빠 엉꺼흐 아히베] Ma valise n'est pas encore arrivée.
제 캐리어를 소매치기 당했어요.	[즈 므 쒸 페 볼레 마 발리즈] Je me suis fait voler ma valise.
항공권을 잃어버렸어요.	[제 뻬흐듀 몽 비예 다비옹] J'ai perdu mon billet d'avion.

교통 🚄

외국에서 대중교통을 타는 건 긴장의 연속이죠. 나라마다 교통 시스템이 다르니까요. 이번 장에서는 교통 수단을 이용할 때 유용한 현지인 꿀팁을 알려드릴게요! C'est Parti !

>대중교통은 나비고(Navigo)로!
Navigo는 파리 내 모든 대중교통을 이용할 수 있는 교통 카드입니다. 충전식으로 이용하는 나비고 이지(Navigo Easy)와 일주일 또는 한 달을 무제한으로 이용하는 나비고 데쿠베르트(Navigo Découverte)가 있습니다.

>지하철은 편리하지만, 소매치기를 조심하세요!
파리 지하철 노선은 매우 촘촘하게 구성되어 있어, 어디든 15분 내로 이동할 수 있습니다. 다만 계단이 많고, 소매치기의 타깃이 될 수 있으니 주의하세요.

>공유 자전거나 버스로 파리의 풍경을 즐기면서 이동하세요.
파리는 서울 면적의 6분의 1도 되지 않는 아담한 도시여서 자전거로도 충분히 돌아다니기 좋아요! 공유 자전거 시스템이 잘 되어 있으니 이용해보세요. 버스 또한 풍경을 보며 이동할 수 있고, 지하철보다 소매치기로부터 안전하다는 장점이 있어요.

>택시는 이럴 때 이용하면 좋아요!
먼저 공항에서 숙소로 이동할 때입니다. 비용은 비싸지만 소매치기로부터 안전하고, 무거운 캐리어를 끌고 이동할 필요가 없기 때문이에요. 또한 밤에 숙소로 가야 하거나, 명품 쇼핑을 한 뒤 등 위험할 수 있는 상황에도 적극 이용하세요.

교통 표지판 프랑스어

Aller à~
~에 가다
[알레 아]

Arriver à~
~에 도착하다
[아히베 아]

Prix
요금, 가격
[프히]

Pour ouvrir appuyer
버튼을 누르면 (문이) 열립니다
[뿌 우브히 아쀠예]

Aller simple
편도
[알레 쌩쁠]

Aller-retour
왕복
[알레 흐뚜]

Valide
이용 가능한
[발리드]

Hors service
운행하지 않음
[오흐 쎄흐비쓰]

Taxi libre
빈 택시
[딱씨 리브흐]

Horaires de bus
버스 시간표
[오헤흐 드 뷰쓰]

Carte de métro
지하철 노선도
[꺅뜨 드 메트호]

Dernier train
막차
[데흐니에 트랑]

01 택시

우버(택시) 기사님이세요?	[에-쓰 끄 쎄 부 르 쇼퍼 드 우베흐] Est-ce que c'est vous le chauffeur de Uber ?
(목적지 주소를 보여주면서) 여기가 제가 가려는 곳 입니다.	[쎄 라 우 즈 베] C'est là où je vais.

02 버스

보르도 가는 버스는 어느 건가요?	[쎄 껠 뷰쓰 끼바 아 보흐도] C'est quel bus qui va à Bordeaux ?
가장 빠른 것은 어느 건가요?	[쎄 르껠 끼 에 르 쁠루 하삐드] C'est lequel qui est le plus rapide ?
샹젤리제 가는 버스 맞나요?	[에-쓰 끄 쎄 르 뷰쓰 끼 바 오 셩젤리제] Est-ce que c'est le bus qui va aux Champs-Elysées ?
다음 정류장은 뭔가요?	[껠레 르 프호샤나헤] Quel est le prochain arrêt ?

죄송해요. 여기서 내릴게요.	[에쓰뀨제-봐, 즈 데썽 이씨] Excusez-moi, je descends ici.
몇 시에 마지막 버스가 오나요?	[아 껠 어흐 에 르 데흐니에 뷰쓰] À quelle heure est le dernier bus ?

03 기차

표 사는 곳을 알려주실 수 있나요 ?	[뿌베-부 므 디흐 우 아슈떼 레 띠께] Pouvez-vous me dire où acheter les tickets ?
이 (티켓) 자판기를 어떻게 쓰는지 알려주실 수 있나요 ?	[뿌베-부 메데 아벡 쓰 디스트히뷰터] Pouvez-vous m'aider avec ce distributeur ?
안녕하세요. 리옹 행 표 두 장 부탁합니다.	[봉쥬흐. 드 띠께 뿌흐 리옹, 씰 부 쁠레] Bonjour. 2 tickets pour Lyon, s'il vous plaît.
다음 기차는요?	[아 껠 어흐 에 르 프호샹] À quelle heure est le prochain ?
몇 번 플랫폼인가요?	[쎄 껠 쁠라트폼] C'est quelle plateforme ?

통로 쪽 자리로 주세요.	[제므헤 꼬데 꿀롸, 씰 부 쁠레] J'aimerais côté couloir, s'il vous plaît.
창가 쪽 자리로 주세요.	[제므헤 꼬떼 프넷, 씰 부 쁠레] J'aimerais côté fenêtre, s'il vous plaît.
왕복 표로 주세요.	[제므헤 앙 비예 알레-흐뚜, 씰 부 쁠레] J'aimerais un billet aller-retour, s'il vous plaît.
편도 표로 주세요.	[제므헤 앙 비예 알레-쌩쁠, 씰 부 쁠레] J'aimerais un billet aller-simple, s'il vous plaît.

04 지하철

지하철 역은 어디 있나요?	[우 에 라 쓰따씨옹 드 메트호] Où est la station de métro ?
어떤 지하철 노선을 타야 하나요?	[껠 리뉴 드 메트호 즈 돠 프헝드] Quelle ligne de métro je dois prendre ?
여기로 가려면 어떻게 해야 하나요?	[꺼멍 즈 페 뿌 알레 이씨] Comment je fais pour aller ici ?

05 교통 카드 구매

Navigo 카드 파는 곳은 어디에 있나요?	[우 쀠-쥬 아슈떼 윈 꺅뜨 나비고] Où puis-je acheter une carte Navigo ?
Navigo Découverte 카드를 하나 사고 싶어요.	[제므헤 아슈떼 윈 꺅뜨 나비고 데꾸베흐뜨, 씰 부 쁠레] J'aimerais acheter une carte Navigo Découverte, s'il vous plaît.
Navigo Easy 카드를 하나 사고 싶어요.	[제므헤 아슈떼 윈 꺅뜨 나비고 이지, 씰 부 쁠레] J'aimerais acheter une carte Navigo Easy, s'il vous plaît.
티켓 10장 충전해주세요.	[샤흐제 디 띠께, 씰 부 쁠레] Chargez 10 tickets, s'il vous plaît.
제 Navigo 카드가 안 됩니다.	[마 꺅뜨 나비고 느 막슈 빠] Ma carte Navigo ne marche pas.

03
숙소

파리에서 어디에 숙소를 잡아야할지 감이 안 잡히신다고요? 성향별로 숙박하기 좋은 지역을 알려드릴게요. C'est Parti !

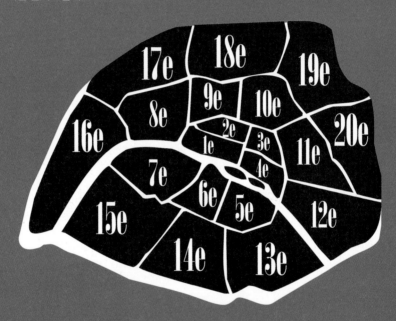

파리 지도 세 줄 요약!
1 베드 타운이라 치안은 괜찮지만 심심해요.
2 교통이 편리하고 볼거리가 많지만, 물가가
　비싸고 관광객을 노리는 소매치기가 많아요.
3 문화가 다양하고 물가가 저렴하지만, 위험한
　동네가 많아요.

* **교통이 중요하고, 주요 관광지에 걸어서 가고 싶다면 1구**

1구는 파리의 정중앙에 있고, 주요 관광지가 모여 있는 곳입니다. 교통의 요지여서 어디든 가기 편해요. 단점은 가격이 비싸고, 현지인에게 유명한 가게를 찾기 어려워요.

* **감성이 중요하다면 3구, 4구**

마레 지구가 있는 이곳은 산책하기 좋은 빈티지 카페, 매장 등이 가득합니다. 분위기 있는 곳을 좋아하는 분들이라면 정말 좋아하실 거예요. 단점은 에펠탑과 거리가 멀고, 숙박비가 비싸다는 것이에요.

* **놀고 싶다면, 파리의 홍대인 5구**

파리 명문대가 모여있는 5구는 젊음의 동네입니다. 영화 『미드나잇 인 파리』의 촬영지이기도 해요. 단점은 교통이 불편하고, 프랑스 특유의 빈티지한 느낌이 적다는 것이에요.

* **에펠탑이 가까운 안전한 동네를 찾는다면 6구, 7구**

파리의 부촌인 6구와 7구는 안전하고 숙박하기 좋아요. 7구는 에펠탑까지 걸어 갈 수 있어요. 단점은 물가가 비싸고 놀거리나 슈퍼가 거의 없다는 점이에요.

* **10구와 11구는 놀기에는 좋아요.**

숙박비도 저렴하고 가성비 좋은 맛집들이 많지만, 치안이 안 좋아서 숙박하기에는 위험해요.

* **18, 19, 20구는 추천하지 않아요.**

18, 19구는 가장 치안이 좋지 않은 동네예요. 위험한 일이 있을 수 있어서 추천하지 않아요. 그리고 20구는 관광지와 거리가 너무 멀어요.

숙소 표지판 프랑스어

Accueil
프런트 데스크

[아꺼이]

Navette
셔틀 버스

[나베뜨]

Gratuit
무료

[그하뛰]

Concierge
안내원

[꽁씨예즈]

Piscine
수영장

[삐신]

Salle de gym
헬스장

[쌀 드 짐]

Drap de lit
침대 시트

[드하 드 리]

Oreiller
베개

[오헤예]

Buanderie
세탁실

[뷰엉드히]

Petit déjeuner
아침 식사

[쁘띠 데쥬네]

Ascenseur
엘리베이터

[아썽써]

Réservé aux employés
직원만 출입 가능

[헤제흐베 오정쁠롸예]

01 체크인 하기

(체크인 시간 전 도착) 짐을 맡길 수 있을까요?	[뿌베-부 갸흐데 메자페, 씰 부 쁠레] Pouvez-vous garder mes affaires, s'il vous plaît ?
안녕하세요. 체크인 하려고 합니다.	[봉쥬흐, 제므헤 페흐 몽 체크-인] Bonjour, j'aimerais faire mon check-in.
OO[이름]으로 예약했어요.	[제 헤제베 오 농 드 OO] J'ai réservé au nom de OO.
혹시 더 큰 방 있을까요?	[이 오헤띨 윈 셩브 쁠루 그헝드] Y aurait-il une chambre plus grande ?
아침 식사 하실 건가요?	[에스끄 부잘레 프헝드 르 쁘띠-데쥬네] Est-ce que vous allez prendre le petit-déjeuner ?
몇 시에 체크아웃을 해야 되나요?	[아 껠 어흐 에 르 체크-아웃] À quelle heure est le check-out ?
하룻밤 더 묵고 싶어요.	[제므헤 헤스떼 앙 주흐 드 쁠루쓰] J'aimerais rester un jour de plus.

02 체크아웃 하기

안녕하세요. OO[이름]으로 체크아웃 할게요.	[봉쥬흐, 쎄 뿌흐 르 체크-아웃 오 농 드 OO] Bonjour, c'est pour le check-out au nom de OO.
안녕하세요. 제 캐리어 찾으러 왔어요.	[봉쥬흐 즈 부드헤 헤뀨뻬헤 마 발리즈] Bonjour. Je voudrais récupérer ma valise.

03 시설/서비스 이용하기

문을 어떻게 여나요?	[꺼멍 우브히 라 뽁뜨] Comment ouvrir la porte ?
와이파이 비밀번호가 뭐예요?	[껠레 르 꼬드 위피, 씰 부 쁠레] Quel est le code Wi-Fi, s'il vous plaît ?
조식은 몇 시에 먹을 수 있나요?	[아 껠 러흐 에 르 쁘띠 데쥬네] À quelle heure est le petit déjeuner ?
공항으로 가는 셔틀 버스 있나요?	[에-쓰 낄야 윈 나베뜨 아에호뽀] Est-ce qu'il y a une navette aéroport ?
다리미가 있나요?	[에-쓰 낄야 앙 페흐 앙 페 아 흐빠쎄] Est-ce qu'il y a un fer à repasser ?

엘리베이터가 있나요?	[야-띨 앙나썽쐬흐] Y a-t-il un ascenseur ?
주변의 식당 추천해 주실 수 있나요?	[뿌베 부 므 꽁쎄예 데 헤스또헝 오뚜흐] Pouvez-vous me conseiller des restaurants autour ?

04 컴플레인 하기

제 방에서 담배 냄새가 나요.	[싸 썽 라 시가헤뜨 덩 마 셩브] Ça sent la cigarette dans ma chambre.
객실이 더러워요. 객실을 청소해 주실래요?	[라 셩브 에 쌀. 뿌베-부 라 헝제, 씰 부 쁠레] La chambre est sale. Pouvez-vous la ranger, s'il vous plaît ?
방을 바꾸고 싶어요. 부탁드립니다.	[제므헤 셩제 드 셩브, 씰 부 쁠레] J'aimerais changer de chambre, s'il vous plaît.
옆 방이 너무 시끄러워요.	[라 셩브 다 꼬떼 페 트호 드 브휘] La chambre d'à côté fait trop de bruit.
제 방에서 여권이 없어졌어요.	[몽 빠스뽀 아 디쓰빠휘 덩 마 셩브] Mon passeport a disparu dans ma chambre.

49

04
길거리 ⚲

프랑스에서는 유명 관광지뿐만 아니라 평범한 거리에서도 즐거움을 느낄 수 있습니다. 오래 전에 만든 건물들이 그대로 있어서, 길거리를 그냥 걸을 뿐인데 영화의 한 장면에 들어온 기분을 느끼실 수 있습니다. 그럼 길거리 관련한 꿀팁도 C'est Parti !

>지도만 보다가 풍경을 놓치지 마세요.
요즘은 지도 앱이 잘되어 있어서, 여행지에서 굳이 길을 물을 필요가 없어진 것 같아요. 그렇지만 휴대폰만 보다 보면 감성 넘치는 프랑스의 거리를 놓칠 수 있어요.

>주말에 프랑스에 있다면 벼룩시장도 놓치지 마세요.
프랑스 3대 벼룩시장(방브, 생투앙, 몽트뢰유)을 방문해보세요. 품질 좋은 빈티지 그릇, 조명, 의류를 구매할 수 있습니다. 보통 주말 아침 7시에 열고 오후 2시에 끝나기 때문에, 일찍 방문해야 보물을 찾을 확률이 높아져요.

>파리지앙처럼 여유를 즐겨보세요.
나쁘게 보면 느릿느릿, 좋게 보면 인생을 즐긴다는 점이 프랑스의 장점입니다. 여기서 이 장점을 극대화할 수 있는 것이 바로 '멍 때리기'입니다. 현실적인 고민이나 걱정을 내려놓고 공원이나 강변에서 여유를 즐겨보세요.

>갑자기 화장실에 가고 싶다면, 카페를 이용하세요.
프랑스에는 공공 화장실이 많지 않아요. 유료 화장실도 조금 불편해요. 그래서 갑자기 화장실에 가고 싶다면 매우 곤란해지는데요. 급할 때는 카페에서 음료를 시키고 카페 화장실을 이용하세요.

길거리 표지판 프랑스어

Poussez
(문) 미세요
[뿌쎄]

Tirez
(문) 당기세요
[띠헤]

Utilisez cette porte
이쪽 문을 사용하세요
[우띨리제 쎗 뽁뜨]

Entrée
입구
[엉트헤]

Sortie
출구
[쏙띠]

Pas de sortie
출구 없음
[빠 드 쏙띠]

Accès interdit
출입 금지 구역
[악쎄 앙떼흐디]

Attention au chien
개 조심
[아떵씨옹 오 쉬양]

En travaux
공사 중
[엉 트하보]

Distributeur de billet
현금 인출기(ATM)
[디스트히뷰터 드 비예]

Non-fumeur
금연 구역
[농 퓨머]

Coin fumeur
흡연 지정 구역
[꽝 퓨머]

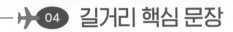

01 길 물어보기

여기로 가려면 어떻게 해야 하나요?	[꼬멍 즈 페 뿌 알레 이씨] Comment je fais pour aller ici ?
어떻게 에펠탑에 가나요?	[꼬멍 즈 베 아 라 뚜흐 에펠] Comment je vais à la Tour Eiffel ?
이 레스토랑이 어디에 있는지 아시나요?	[싸베-부 우 에 쓰 헤스또헝] Savez-vous où est ce restaurant ?
얼마나 걸릴까요?	[꽁비앙 드 떵 싸 프헝] Combien de temps ça prend ?
여기서 먼가요?	[쎄 로앙 디씨] C'est loin d'ici ?

02 길 안내 듣기

오른쪽이요.	[아 두화뜨] À droite.
왼쪽이요.	[아 고슈] À gauche.

쭉 가세요.	[알레 뚜 두화] Allez tout droit.
첫 번째 길에서 우회전하세요.	[프흐네 라 프흐미에 아 두화뜨] Prenez la première à droite.
매우 가깝습니다.	[쎄 뚜 프헤] C'est tout près.
모퉁이에서 왼쪽으로 도세요.	[오 꾸앙, 뚜흐네 아 고슈] Au coin, tournez à gauche.
두 구역 가세요.	[빠쎄 드 빠떼 드 메종] Passez 2 pâtés de maisons.
큰 건물이 보일 겁니다.	[부잘레 봐 앙 그호 바띠멍] Vous allez voir un gros bâtiment.
걸어서 20분 정도요.	[아 쁘 프헤 벵 미늍 드 막슈] À peu près 20 minutes de marche.

03 현지 정보 물어보기

근처에 맛있는 빵집 있나요?	[야-띨 윈 본 불랑즈히 오뚜흐] Y a-t-il une bonne boulangerie autour ?

근처에 약국 있나요?	[야-띨 윈 파흐마씨 오뚜흐] Y a-t-il une pharmacie autour ?
근처에 벼룩시장 있나요?	[야-띨 앙 막셰 오 뿌쓰 오뚜흐] Y a-t-il un marché aux puces autour ?

04 매너 표현

먼저 가세요!	[아프헤 부] Après vous !
오, 죄송해요! 못 봤어요.	[오 빠흐동! 즈 느 부제 빠 뷰] Oh, pardon ! Je ne vous ai pas vu.
괜찮으세요?	[싸 바] Ça va ?
조심하세요!	[페트 아떵씨옹] Faites attention !

05 기타 상황

저는 길을 잃었어요.	[제 뻬흐듀 몽 슈망] J'ai perdu mon chemin.
화장실 어디 있나요?	[우 쏭 레 뚜왈레뜨] Où sont les toilettes ?
여기 앉아도 될까요?	[즈 쁘 마쑤와 이씨] Je peux m'asseoir ici ?

05
카페/빵집 ☕

이번 장에서는 프랑스 사람들에게 일상의 행복인 빵과 커피에 대한 정보를 알려드릴게요. C'est Parti !

>어떤 빵집에 가야 하냐면…
프랑스인들은 음식점 웨이팅을 정말 싫어하지만, 맛있는 빵집은 줄을 서요. 그래서 찾기 쉬울 거예요! 혹시 인기 빵집에 가지 못한다면, 가까운 빵집에서 갓 구운 빵을 드세요. 따뜻할수록 바삭함과 고소함은 배가 되니까요!

>빵 도둑(?)들도 발달했어요.
치즈와 잼 등 빵에 발라 먹는 것들도 발달했어요. 프랑스에 오면 매우 다양한 종류의 치즈와 잼을 구입할 수 있답니다. 그 외에도 고등어 통조림, 오리 무스 등도 같이 먹으면 정말 맛있어요!

>기본 커피가 매우 진해요.
프랑스에서 기본 커피는 거의 에스프레소에 가깝습니다. 그래서 café allongé[까페 알롱제]를 시키는 것을 추천해요. 아메리카노와 가장 비슷한 메뉴랍니다.

>프랑스 카페에는 '아아'가 없습니다.
프랑스 로컬 카페에는 아이스 아메리카노가 없어요. 커피는 식후에 먹는 소화제라는 개념이 있어서, 얼음을 넣어서 마시지 않기 때문이에요.

>해피 아워를 즐기세요.
프랑스 카페는 특정 시간에 맥주나 칵테일을 할인하는 해피 아워 제도가 있습니다. 주로 퇴근 시간(오후 5~8시)에 맞춰 진행합니다.

카페/빵집 표지판 프랑스어

Boulangerie
(일반적인) 빵(집)
[불렁즈히]
* 바게트 같은 식사빵

Viennoiserie
페스트리 빵(집)
[비에누와즈히]
* 크루아상 같은 페스트리

Pâtisserie
디저트 빵(집)
[파티쓰히]
* 마카롱 같은 디저트

Boisson chaude
따뜻한 음료
[봐쏭 쑈드]

Boisson froide
차가운 음료
[봐쏭 프화]

Chocolat chaud
핫초코
[쇼콜라 쇼]

Jus d'orange
오렌지주스
[쥬 도헝쥬]

Lait chaud
따뜻한 우유
[레 쇼]

Un demi
맥주 한 잔(250ml)
[앙 드미]

Café allongé
카페 알롱제
[꺄페 알롱제]
* 아메리카노랑 비슷해요.

Café viennois
비엔나 커피
[꺄페 비에놔]
* 아인슈페너랑 비슷해요.

Déca
[데꺄]
디카페인 커피
* 마시고 싶은 커피명 뒤에
붙여도 됩니다.

01 카페

카페 알롱제 두 잔 부탁합니다.	[드 꺄페 알롱제, 씰 부 쁠레] Deux café allongés, s'il vous plaît.
맥주 한 잔(250ml) 부탁합니다.	[앙 드미, 씰 부 쁠레] Un demi, s'il vous plaît.
어떤 주스가 있나요?	[껠 쥬 드 프휘 아베-부] Quel jus de fruit avez-vous?
여기서 드시고 가시나요? 테이크아웃인가요?	[쒸흐 쁠라스 우 아 엉뽁떼] Sur place ou à emporter ?
여기서 먹고 갈게요.	[쒸흐 쁠라스] Sur place.
테이크아웃이요.	[아 엉뽁떼] À emporter.
테라스에 앉아도 되나요?	[에쓰 뽀씨블르 엉 떼하쓰] Est-ce possible en terrasse ?
앉으세요.	[앙스딸레-부] Installez-vous.

02 빵집

(손으로 가리키며) 이거 열 개 있나요?	[에-쓰 끄 부정나베 디쓰 꼼 싸] Est-ce que vous en avez 10 comme ça ?
크루아상 하나랑 빵오쇼콜라 하나 부탁합니다.	[앙 크후아쌍 에 앙 빵 오 쇼꼴라, 씰 부 쁠레] Un croissant et un pain au chocolat, s'il vous plaît.
빠티스히는 어떤 게 제일 인기있나요?	[껠레 라 빠띠쓰히 라 쁠루 벙듀] Quelle est la pâtisserie la plus vendue ?
파리 브레스트 하나 부탁합니다.	[앙 빠히-브헤스트, 씰 부 쁠레] Un Paris-Brest, s'il vous plaît. ∗ 파리 브레스트는 링 모양 페스트리 안에 크림을 넣은 것입니다.
바게트는 언제 나오나요?	Quand seront prêtes les baguettes ? [껑 쓰홍 프헤뜨 레 바게뜨]
죄송해요. 트하디시옹 더 이상 없어요.	Désolé, nous n'avons plus de tradition. [데졸레 누 나봉 쁠루 드 트하디씨옹] ∗ tradition은 전통 방식으로 만든 바게트입니다.
바게트 반 개 부탁합니다.	[윈 드미 바게트, 씰 부 쁠레] Une demi-baguette, s'il vous plaît. ∗ 여러 종류의 빵을 사면 바게트 한 개를 다 먹는 건 무리일 수 있습니다. 그럴 때는 반 개만 주문할 수 있어요.

너무 굽지 않은 바게트 한 개 부탁합니다.	[윈 바게뜨 빠 트호 뀌뜨, 씰 부 쁠레] Une baguette pas trop cuite, s'il vous plaît. ＊ 겉은 바삭하고 속은 촉촉한 바게트를 받을 수 있어요.

03 계산하기

(일행과 갔을 때) 한번에 계산하세요?	[부 뻬이예 엉썽블] Vous payez ensemble ?
각자 계산할게요.	[옹 바 뻬예 쎄빠헤멍] On va payer séparément.
카드로 하시겠습니까? 현금으로 하시겠습니까?	[빠 꺅뜨 우 어네스뻬쓰] Par carte ou en espèces ?
카드로 할게요.	[빠 꺅뜨, 씰 부 쁠레] Par carte, s'il vous plait.
현금으로 할게요.	[어네스뻬쓰, 씰 부 쁠레] En espèces, s'il vous plaît.
애플 페이 가능한가요?	[쎄 뽀씨블르 아쁠 페이] C'est possible apple pay?

04 기타

영어 메뉴판 있나요?	[아베-부 앙 므뉴 어넝글레] Avez-vous un menu en anglais ?
화장실이 어디인가요?	[우 쏭 레 뚜왈레뜨, 씰 부 쁠레] Où sont les toilettes, s'il vous plaît ?
와이파이가 있나요?	[아베-부 듀 위피] Avez-vous du Wi-Fi ?
추천 감사합니다.	[멕씨 뿌흐 라 흐꼬멍다씨옹] Merci pour la recommandation.
해피 아워는 언제인가요?	[아 껠 어흐 에 라피 아워] À quelle heure est l'happy hour ?

06

식당 🍽

프랑스 사람들은 개방적인 편이지만, 식사 예절은 까다로운 것으로 유명해요. 이번 장에서는 프랑스 식당의 특징과 함께, 알고 있으면 대접 받는 식당 매너에 대해서 알려드릴게요. C'est Parti !

>프랑스 식당의 특징
주문과 서빙이 매우 여유 있게 진행돼요. '인종 차별 아닌가?'하고 생각하기 쉬운 부분인데요. 프랑스 사람들은 어떤 메뉴를 고를지 15분 정도 일행과 토론하고 고르는 경우가 많아요. 그리고 복장을 갖춰입지 않으면 들어갈 수 없는 식당도 있으니 주의하세요!

>들어가면 점원에게 인사를 하고, 자리 안내를 잠시 기다려주세요.
프랑스 식당에서 인사를 하지 않으면 매우 불친절한 대우를 받을 수도 있습니다. Bonjour 또는 Bonsoir로 인사를 한 뒤, 점원의 자리 안내를 기다려주세요.

>메뉴를 골랐다면 메뉴판을 덮고, 점원을 눈 맞춤으로 불러요.
한국에서는 손을 들고 "여기요!" 이렇게 부르지만, 프랑스에서는 굉장히 무례한 행동이에요. 메뉴판을 닫고 종업원을 지긋이 바라보세요.

>디저트는 식후에 주문해요.
프랑스는 코스로 요리를 먹는 전통 때문에 지금도 디저트는 식후에 주문하는 것이 자연스럽습니다. 디저트용 메뉴판이 따로 있는 경우가 많습니다.

>식사 후에는 이렇게 하세요.
냅킨을 구겨서 올려놓으면 식사를 끝냈다는 뜻이에요. 담당 서버와 눈이 마주치면 계산서를 달라고 말하세요. 계산은 보통 자리에서 하는 경우가 많습니다.

식당 표지판 프랑스어

À emporter
테이크아웃
[아 엉뽁떼]

Sur place
매장 식사
[쒸흐 쁠라스]

Formule
세트 메뉴
[포흐뮬]

Entrée
전식
[엉트헤]

Plat (principal)
본식
[쁠라 (프항시빨)]

Menu du jour
오늘의 메뉴
[므뉴 듀 쥬르]

La carte des desserts
디저트 메뉴
[라 꺅뜨 데 데쎄흐]

Menu du midi
점심 메뉴
[므뉴 듀 미디]

Vin Rouge/ Vin Blanc
레드 와인 / 화이트 와인
[방 후즈 / 방 블렁]

Commandez ici
여기서 주문해 주세요
[꼬멍데 이씨]

Prenez votre commande ici
여기서 음식 가져가세요
[프흐네 보트흐 꼬멍드 이씨]

Composez votre salade
샐러드는 셀프입니다
[꽁뽀제 보트흐 쌀라드]

01 입장하기

안녕하세요. OO[이름] 으로 예약했어요.	[봉쥬흐, 제 헤제베 오 농 드 OO] Bonjour, j'ai réservé au nom de OO.
예약 안 했는데, 괜찮을까요?	[쥬 네 빠 헤제베, 쎄 뽀씨블] Je n'ai pas réservé, c'est possible ?
식사 주문하시나요? 아니면 음료 주문하시나요?	[뿌흐 멍제 우 부아흐] Pour manger ou boire ? * 식사 테이블과 음료 테이블이 다른 경우가 많아서 자주 물어봅니다.
식사 주문하려고요.	[뿌흐 멍제] Pour manger.
음료 주문하려고요.	[뿌흐 부아흐] Pour boire.

02 음식 주문하기

메뉴판 부탁합니다.	[르 므뉴, 씰 부 쁠레] Le menu, s'il vous plaît.
(메뉴) 결정하셨나요?	[부자베 쇼아지] Vous avez choisi ?

추천해주실 수 있나요?	[뿌베-부 므 꽁쎄예] Pouvez-vous me conseiller ?
점심 세트 하나 부탁합니다.	[윈 포흐뮬 미디, 씰 부 쁠레] Une formule midi, s'il vous plaît.
고기의 굽기는요?	[라 뀌쏭 드 라 비앙드] La cuisson de la viande ?
미디엄 웰던으로 부탁합니다.	[아 뿌앙, 씰 부 쁠레] À point, s'il vous plaît. * saignant[세녕] 레어, bien cuit[비앙 뀌] 웰던
더 필요한 것 있으세요?	[오트흐 쇼즈] Autre chose ?
(거절의 의미) 괜찮습니다.	[농 멕씨] Non merci.

03 음료 주문하기

음료는요?	[꼼 부와쏭] Comme boisson ?

물(수돗물) 한 병 부탁합니다.	[윈 까하프 도, 씰 부 쁠레] **Une carafe d'eau, s'il vous plaît.** * 가격은 무료지만, 석회수라서 배가 아플 수 있습니다.
생수 부탁합니다.	[들로 미네할, 씰 부 쁠레] **De l'eau minérale, s'il vous plaît.** * 한국과 달리 생수 가격이 꽤 높으니 주의하세요.
탄산수 부탁합니다.	[들로 뻬띠영뜨, 씰 부 쁠레] **De l'eau pétillante, s'il vous plaît.**
화이트 와인 한 잔 부탁합니다.	[앙 베흐 드 방 블렁, 씰 부 쁠레] **Un verre de vin blanc, s'il vous plait.**

04 식사하기

정말 맛있네요.	[쎄 트헤 봉] **C'est très bon.**
이거 살짝 덜 익었어요.	[쎄 빠 아쎄 뀌] **C'est pas assez cuit.**
테이블을 치워주실 수 있나요?	[뿌베-부 네똬예 라 따블르, 씰 부 쁠레] **Pouvez-vous nettoyer la table, s'il vous plaît ?**

컵 한 개만 더 받을 수 있을까요?	[뷔-즈 아봐 앙 베흐 엉 쁠루쓰] Puis-je avoir un verre en plus ?

05 디저트 주문하기

후식 메뉴판 받을 수 있을까요?	[뷔-즈 아봐 라 꺅뜨 데 데쎄흐] Puis-je avoir la carte des desserts ? ＊ 대부분의 식당은 후식 메뉴판이 따로 있어요.
바닐라 아이스크림 하나 부탁합니다.	[윈 글라스 바니으, 씰 부 쁠레] Une glace vanille, s'il vous plaît.

06 계산하기

저기요. 계산서 부탁합니다.	[에쓰뀨제-롸. 라디씨옹, 씰 부 쁠레] Excusez-moi. L'addition, s'il vous plaît.
계산서에 문제가 있습니다.	[일 이 아 윈 에허 덩 르 띠께] Il y a une erreur dans le ticket.
이건 제가 주문한 것이 아닌데요.	[쓰 네 빠 스 끄 제 꼬멍데] Ce n'est pas ce que j'ai commandé.

07

쇼핑 🛍

프랑스는 쇼핑을 좋아하는 사람에게는 천국과 같은 곳이에요. 이번 장에서는 쇼핑할 때 유용한 꿀팁을 알려드릴게요. C'est Parti !

>프랑스에서 '세일'이라는 단어는 두 가지예요.

soldes[쏠드]와 promotion[프호모씨옹] 두 단어를 기억하세요. 둘 다 가격 할인을 의미하는데요. soldes는 일 년에 두 번(여름, 겨울) 하는 대규모 세일이고, promotion은 상시적인 할인을 의미해요.

>빈티지를 좋아한다면

파리에는 개성 있는 벼룩시장이 많습니다. 그릇, 책, 소품 등 다양한 시장에서 보물을 찾아보세요. 또 프랑스 유명 디자이너 브랜드의 빈티지 제품을 파는 상점이 많이 있어요.

>아울렛에 방문해보세요.

프랑스에는 아울렛 마을이 여러 개 있어요. 유명한 곳으로는 라 발레 빌리지(La Vallée Village)가 있습니다. 면세를 받기 위해서는 일정 금액 이상의 구매가 필요하고, 결제할 때 직원에게 세금 환급 양식을 요청해야 합니다.

>파리의 3대 백화점도 볼거리!

갤러리 라파예트는 아름다운 스테인드 글라스 돔으로 유명합니다. 프렝땅 백화점의 맨 위층에는 멋진 테라스 카페가 있어 시내 전망을 감상하며 맥주를 즐기기에 좋습니다. 봉 마르셰는 아늑한 분위기로 사랑받고 있습니다.

쇼핑 표지판 프랑스어

Soldes
(정기) 세일
[쏠드]

Promotion
(상시) 할인
[프호모씨옹]

Offre spéciale
특별 할인
[오프흐 쓰뻬씨알]

**1 acheté
1 offert**
하나 사면 하나 공짜
[아 나슈떼 아 노페흐]

À moitié prix
절반 가격
[아 뫄띠예 프히]

**Ni échangé
Ni remboursé**
환불 교환 불가
[니 에셩제 니 헝북쎄]

**Emballage
cadeau**
선물 포장
[엉발라쥬 꺄도]

Supermarché
슈퍼마켓
[수뻬흐막셰]

Épicerie
식료품점
[에피쓰히]

Fait main
핸드메이드
[페 망]

Ne pas toucher
만지지 마세요
[느 빠 뚜셰]

**Taxes non
comprises**
세금 미포함
[딱쓰 농 꽁프히즈]

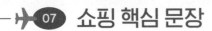
01 장소 찾기

근처에 쇼핑몰이 있을까요?	[에-쓰 낄야 앙 썽트 꼬메샬 오뚜흐] Est-ce qu'il y a un centre commercial autour ?
저는 화장품 매장을 찾고 있어요.	[즈 셰스 앙 마갸장 드 꼬쓰메띡] Je cherche un magasin de cosmétiques.
엘리베이터는 어디에 있나요?	[우 에 라썽써] Où est l'ascenseur ?
저기요, 여성 의류는 어디에 있나요?	[에쓰뀨제-뫄, 우 쏭 레 베트멍 뿌 팜] Excusez-moi, où sont les vêtements pour femmes ?

02 물건 찾기

그냥 구경만 하려고요.	[즈 흐가드 쥬스뜨] Je regarde juste.
이거 있나요?	[아베-부 싸] Avez-vous ça ?
도와주실 수 있나요?	[뿌베 부 메데] Pouvez-vous m'aider ?

이거 입어(써)봐도 될까요?	[뷔-즈 에쎄예 싸] Puis-je essayer ça ?
이거 S 사이즈 있나요?	[아베-부 싸 엉 에쓰] Avez-vous ça en S ?
더 큰 거 있나요?	[아베-부정 쁠루 그헝] Avez-vous en plus grand ?
더 작은 거 있나요?	[아베-부정 쁠루 쁘띠] Avez-vous en plus petit ?
신상품 어디에 있나요?	[우 에 라 누벨 꼴렉씨옹] Où est la nouvelle collection ?
양말 어디에 있나요?	[우 쏭 레 쇼쎄뜨] Où sont les chaussettes ?
이거 검은색 있나요?	[아베-부 싸 엉 누아흐] Avez-vous ça en noir ? * blanc [블렁] 하얀색, noir [누아흐] 검은색, bleu [블르] 파랑색 rouge [후즈] 빨강색, vert [베흐] 초록색
할인 중인 제품은 무엇인가요?	[껠 쏭 레 프호뒤 엉 프호모씨옹] Quels sont les produits en promotion ?

03 선물 고르기

선물용 제품 하나 추천 해줄 수 있나요?	[뿌베-부 므 꽁쎄예 앙 프호뒤 아 오프히] Pouvez-vous me conseiller un produit à offrir ?
엄마 주려고요.	[쎄 뿌흐 마 메흐] C'est pour ma mère.
아빠 주려고요.	[쎄 뿌흐 몽 뻬흐] C'est pour mon père.

04 가격 알아보기

이거 얼마예요?	[쎄 꽁비앙] C'est combien ?
면세 받을 수 있나요?	[쀠-즈 아봐 라 데딱쓰] Puis-je avoir la détaxe ?
어떤 게 할인 품목인가요?	[껠 쏭 레 프호뒤 엉 프호모씨옹] Quels sont les produits en promotion ?

05 계산/환불/교환하기

이거 살게요.	[즈 베 아슈떼 싸] Je vais acheter ça.
영수증 필요하세요?	[부 불레 르 띠께] Vous voulez le ticket ?
영수증도 같이 부탁합니다.	[아벡 르 띠께, 씰 부 쁠레] Avec le ticket, s'il vous plaît.
선물 포장 가능한가요?	[에띨 뽀씨블르 드 페흐 아넝발라쥬 까도] Est-il possible de faire un emballage cadeau ?
쇼핑백 하나 더 받을 수 있을까요?	[에-쓰 끄 즈 쁘 아봐 앙 싹 엉 쁠루쓰] Est-ce que je peux avoir un sac en plus ?
환불 받고 싶어요.	[제므헤 므 페흐 헝부쎄] J'aimerais me faire rembourser.
이거 교환하고 싶어요.	[제므헤 에샹제 싸] J'aimerais échanger ça.

08
관광 🗼

프랑스는 역사와 문화, 아름다운 자연 덕분에 세계 관광객들이 가장 많이 방문한 나라에 항상 이름을 올리고 있습니다. 이번 장에서는 프랑스 여행 팁을 알려드릴게요. C'est Parti !

>여행 액티비티 예약 앱을 활용하세요.
사전에 표를 구매해두면 줄 서는 시간을 절약할 수 있습니다. KKday 같은 앱을 통해 뮤지엄 패스, 루브르 박물관 패스트 트랙 등의 티켓을 구매할 수 있습니다.

>뮤지엄 패스에는 다른 관광지도 포함되어 있습니다.
뮤지엄 패스로 박물관뿐 아니라 퐁피두 센터, 베르사유 궁전 등 관광 명소도 이용할 수 있습니다. 다만 예약이 필요한 장소가 있으니 주의하세요.

>방문 시간대, 요일을 고려해서 계획을 세우세요.
예를 들어 몽마르트르는 소매치기가 많은 파리의 우범 지대입니다. 늦은 시간에 가면 위험하니 조심하세요. 그리고 프랑스의 일부 관광지는 특정 요일에 무료로 입장할 수 있습니다.

>파리 이외의 지역도 꼭 방문해보세요.
파리 이외에도 에트르타, 콜마르, 생폴드방스, 니스, 칸 등은 세계 관광객들로부터 사랑받고 있습니다. 또한 잘 알려지지는 않았지만 고흐드, 에즈, 생말로, 카시스, 포 등도 추천합니다.

>스키를 좋아한다면 겨울도 좋아요!
프랑스의 겨울은 여행 비수기로 알려져 있지만, 스키를 좋아한다면 겨울도 좋습니다! 저렴한 비용으로 알프스 산맥에서 스키를 탈 수 있습니다.

관광 표지판 프랑스어

Guichet
매표소
[기셰]

Entrée
입구
[엉트헤]

Sortie
출구
[쏙띠]

Entrée gratuite
무료 입장
[엉트헤 그하뛰뜨]

Billet en promotion
할인 티켓
[비예 엉 프호모씨옹]

Vestiaire
옷 맡기는 곳
[베스티에흐]

Réservé aux adultes
성인만 가능
[헤제르베 오 자둘트]

Attention aux pickpockets
소매치기 주의
[아떵씨옹 오 삑뽀껫]

Attention sol glissant
미끄럼 주의
[아떵씨옹 쏠 글리썽]

Il est interdit de prendre des photos
사진 촬영 금지
[일레 앵떼흐디 드 프헝드 데 포또]

Il est interdit de prendre des vidéos
동영상 촬영 금지
[일레 앙떼흐디 드 프헝드 데 비데오]

Ne faites pas de bruit
조용히 하세요
[느 페트 빠 드 브휘]

01 표 구입하기

어디에서 표를 사는지 알려주실 수 있나요?	[뿌베-부 므 디흐 우 아슈떼 레 비예] Pouvez-vous me dire où acheter les billets ?
한 명 당 얼마인가요?	[쎄 꽁비앙 빡 뻭쏜] C'est combien par personne ?
티켓 두 장 부탁합니다.	[드 비예, 씰 부 쁠레] Deux billets, s'il vous plaît.
학생 할인해주실 수 있나요?	[뷔-즈 아봐 윈 헤둑시옹 에뚜디엉] Puis-je avoir une réduction étudiant ?
거스름돈을 잘못 주신 것 같아요.	[즈 크와 끄 르 몽떵 네 빠 봉] Je crois que le montant n'est pas bon.

02 관광 정보 물어보기

에펠탑은 몇 시에 반짝거리나요?	[아 껠 어흐 브히 라 뚜흐 에펠] À quelle heure brille la Tour Eiffel ?
루브르 박물관은 몇 시에 닫나요?	[아 껠 어흐 페흐므 르 루브흐] À quelle heure ferme le Louvre ?

지도 한 장 받고 싶어요.	[제므헤 앙 쁠렁, 씰 부 쁠레] J'aimerais un plan, s'il vous plaît.
주말에도 여나요?	[에-쓰 끄 쎄 우베흐 르 위껜드] Est-ce que c'est ouvert le week-end ?
투어는 얼마나 걸리나요?	[꽁비앙 드 떵 듀흐 르 뚜흐] Combien de temps dure le tour ?
다음 투어 버스는 언제 오나요?	[아 껠 어흐 비앙 르 프호샹 뷰쓰] À quelle heure vient le prochain bus ?
한국어로 된 안내 책자 있나요?	[에-쓰 끄 부자베 라 브호슈흐 엉 꼬헤앙] Est-ce que vous avez la brochure en coréen ?

03 장소 물어보기

안내 데스크는 어디에 있나요?	[우 에 라꿰이] Où est l'accueil ?
박물관은 어디에 있나요?	[우 에 르 뮤제] Où est le musée ?

여기서 먼가요?	[에-쓰 로앙 디씨] Est-ce loin d'ici ?
어느 쪽으로 나가야 되나요?	[쎄 빠흐 우 라 쏘띠] C'est par où la sortie ?
(지도를 보여주면서) 여기로 가려면 어떻게 하나요?	[꼬멍 페흐 부 알레 이씨] Comment faire pour aller ici ?

04 미술관에서

한국어 오디오 가이드 있나요?	[야-띨 앙 기드 보꺌 코헤앙] Y a-t-il un guide vocal coréen ?
오디오 가이드가 안 돼요.	[르 기드 오디오 느 막슈 빠] Le guide audio ne marche pas.
저 이 작품 너무 맘에 들어요!	[쟈도흐 쎗떠브흐] J'adore cette œuvre !

05 기타

물품 보관소가 있나요?	[야-띨 앙 베스띠에흐] Y a-t-il un vestiaire ?
사진을 찍어도 되나요?	[쀠-즈 프헝드 데 포또] Puis-je prendre des photos ?
사진 찍어주실 수 있나요?	[뿌베-부 므 프헝드 엉 포또] Pouvez-vous me prendre en photo ?
(저도 지금) 줄 서 있거든요.	[즈 페 라 끄] Je fais la queue.
자전거는 어디서 빌릴 수 있을까요?	[우 쀠-즈 루에 앙 벨로] Où puis-je louer un vélo ?
기념품 가게가 있나요?	[야-띨 앙 마갸장 드 쑤브니] Y a-t-il un magasin de souvenirs ?

09

위급 🚨

여행 중에는 예상치 못한 위급 상황이 발생할 수 있습니다. 프랑스에서는 도난 피해를 당하는 경우가 많은데요. 이번 장에서는 어떤 피해사례가 있는지 장소별로 알려드릴게요! C'est Parti !

공항에서

☑ 공항에서 지도 앱을 켜는 사이에 캐리어 도난

교통 수단을 이용할 때

☑ 택시에서 내릴 때, 캐리어를 안 내려 주고 택시 기사가 도주
☑ 지하철 출입문 앞에 서 있었는데, 정차역에서 기다리고 있던 도둑이 쏜살같이 휴대폰을 뺏어 감
☑ 기차표 사는 것을 도와주던 사람이 가방을 몰래 훔쳐 감
☑ 기차 짐칸에 자물쇠까지 걸어 둔 캐리어 도난
☑ 어린이가 도움을 요청하는 척하면서 소매치기
☑ 노래를 부르라고 하고, 돈 요구

식당에서

☑ 식사 중에 의자 밑에 둔 가방 도난
☑ 패스트푸드 음식점에서 음식을 받으러 간 사이 자리에 있던 가방 도난

쇼핑할 때

☑ 백화점에서 나오자마자 쇼핑백을 오토바이 강도에게 빼앗김

숙소에서

☑ 호텔에서 체크인 서류를 작성하는 사이에 캐리어 도난
☑ 숙소 금고에 넣어둔 귀중품 도난
☑ 조식 뷔페 이용하는 동안 의자 위에 올려 둔 귀중품 도난
☑ 호텔 입구에서 오토바이 강도에게 가방 도난

관광지에서

☑ 같은 여행자인 척 길을 물어보던 사람이 알고보니 소매치기
☑ 몽마르트에서 '우리는 친구'라며 팔목에 실팔찌를 매어준 뒤 돈을 요구
☑ 좋은 일(?)에 서명하는 사이에 가방 도난
☑ 야바위에 참여했는데, 알고보니 다른 참여자들이 모두 바람잡이

범죄 수법을 알면, 예방하는 데 도움이 되실 거예요. 여러분이 즐겁고 안전하게 프랑스 여행을 마치실 수 있기를 바랍니다!

위급 표지판 프랑스어

Ambulance

구급차

[엉뷸렁쓰]

Signaler un vol

도난 신고

[씨니아레 앙 볼]

Incendie

화재

[앙썽디]

Police

경찰

[뽈리쓰]

Assurance voyage

여행 보험

[아쒸헝쓰 봐야즈]

Carte d'identité

신분증

[꺅뜨 디덩띠떼]

Urgences

응급실

[우흐정쓰]

Commissariat

경찰서

[꼬미싸히아]

Ambassade

대사관

[엉바싸드]

Pompier

소방관

[뽕삐에]

Hôpital

병원

[오삐딸]

Pharmacie

약국

[파흐마씨]

위급 핵심 문장

01 응급 상황

도와주세요!	[에데-롸] Aidez-moi!
조심하세요!	[아떵씨옹] Attention!
구급차를 불러 주세요.	[아쁠레-롸 위넝뷜렁쓰] Appelez-moi une ambulance.
제 친구가 쓰러졌어요.	[모나미 에떼바누이] Mon ami est évanoui.
병원이 어디에 있나요?	[우 에 로삐딸] Où est l'hôpital ?

02 증상 말하기

저는 여기가 아파요.	[제 말 이씨] J'ai mal ici.
저 감기 걸렸어요.	[제 앙 휌] J'ai un rhume.

계속 토했습니다.	[즈 네 빠 아헤떼 드 보미] Je n'ai pas arrêté de vomir.

03 **말이 안 통할 때**

영어 할 수 있나요?	[빠흘레-부 앙글레] **Parlez-vous anglais ?**
(번역기 앱을 보여주며) 여기에 말씀해 주실 수 있나요?	[뿌베-부 르 디흐 이씨, 씰 부 쁠레] **Pouvez-vous le dire ici, s'il vous plaît ?**

04 **분실**

제 가방을 찾고 있어요.	[즈 셰스 몽 싹] Je cherche mon sac.
여기 있던 제 가방이 없어졌어요.	[몽 싹 아 디쓰빠휘 이씨] Mon sac a disparu ici.
실례합니다. 제 가방을 여기에 두고 왔어요.	[에쓰뀨제-똬, 제 레쎄 몽 싹 이씨] Excusez-moi, j'ai laissé mon sac ici.

05 소매치기

너 뭐하냐?	[뜌 페 꽈] **Tu fais quoi ?** *어린 집시들이 물건을 훔쳐가려고 할 때, 이 말을 해보세요!
제 휴대폰을 소매치기 당했어요.	[즈 므 쒸 페 볼레 몽 뗄레폰] **Je me suis fait voler mon téléphone.**
쟤네들이 소매치기예요.	[쓰 쏭 레 삑뽀껫] **Ce sont les pickpockets.**

06 인종 차별

기분이 안 좋네.	[즈 느 쒸 빠 꽁떵(뜨)] **Je ne suis pas content(e).**
난 인종 차별 하는 사람들이랑 말 안 해.	[즈 느 빠흘 빠 오 하씨스뜨] **Je ne parle pas aux racistes.**
나한테 말 걸지 마.	[아헷 드 므 빠흘레] **Arrête de me parler.**
나 바빠.	[즈 쒸 오뀨뻬] **Je suis occupé(e).**

부록

-숫자, 날짜, 시간

-색깔, 사이즈

-반의어

-바로 찾아 빨리 쓰는 여행 단어 index

01 **숫자**

프랑스로 숫자 읽는 법은 어렵기로 악명 높은데요. 그 이유는 읽는 법에 20진법과 60진법이 섞여 있기 때문입니다.

❶ **1 ~ 30**

🔊 5_01_1.mp3

1	앙 un	11	옹즈 onze	21	방떼 앙 vingt et un
2	드 deux	12	두즈 douze	22	방 드 vingt-deux
3	트화 trois	13	트헤즈 treize	23	방 트화 vingt-trois
4	꺄트흐 quatre	14	꺄또흐즈 quatorze	24	방 꺄트흐 vingt-quatre
5	쌍끄 cinq	15	꺙즈 quinze	25	방 쌍끄 vingt-cinq
6	씨쓰 six	16	쎄즈 seize	26	방 씨쓰 vingt-six
7	쎄뜨 sept	17	디 쎄뜨 dix-sept	27	방 쎄뜨 vingt-sept
8	위뜨 huit	18	디쥐뜨 dix-huit	28	방뜨 위뜨 vingt-huit
9	너프 neuf	19	디즈 너프 dix-neuf	29	방 너프 vingt-neuf
10	디쓰 dix	20	방 vingt	30	트헝뜨 trente

- 1부터 16까지는 프랑스 고유의 방식으로 읽습니다.
- 17부터 69까지는 한국처럼 10진법을 사용합니다.

31	트헝떼 앙 trente et un	61	수아썽떼 앙 soixante et un	81	꺄트흐 방 앙 quatre-vingt-un
32	트헝 드 trente-deux	70	수아썽 디쓰 soixante-dix	82	꺄트흐 방 드 quatre-vingt-deux
33	트헝 트화 trente-trois	71	수아썽떼 옹즈 soixante et onze	83	꺄트흐 방 트화 quatre-vingt-trois
34	트헝 꺄트흐 trente-quatre	72	수아썽 두즈 soixante-douze	84	꺄트흐 방 꺄트흐 quatre-vingt-quatre
35	트헝 쌍끄 trente-cinq	73	수아썽 트헤즈 soixante-treize	85	꺄트흐 방 쌍 quatre-vingt-cinq
36	트헝 씨쓰 trente-six	74	수아썽 꺄또즈 soixante-quatorze	86	꺄트흐 방 씨스 quatre-vingt-six
37	트헝 쎄뜨 trente-sept	75	수아썽 꺙즈 soixante-quinze	87	꺄트흐 방 쎄뜨 quatre-vingt-sept
38	트헝뜨 위뜨 trente-huit	76	수아썽 쎄즈 soixante-seize	88	꺄트흐 방 위뜨 quatre-vingt-huit
39	트헝뜨 너프 trente-neuf	77	수아썽 디 쎄뜨 soixante-dix-sept	89	꺄트흐 방 너프 quatre-vingt-neuf
40	꺄헝뜨 quarante	78	수아썽 디쥐뜨 soixante-dix-huit	90	꺄트흐 방 디쓰 quatre-vingt-dix
50	쌍껑뜨 cinquante	79	수아썽 디즈 너프 soixante-dix-neuf	91	꺄트흐 방 옹즈 quatre-vingt-onze
60	수아썽뜨 soixante	80	꺄트흐 방 quatre-vingts	99	꺄트흐 방 디즈 너프 quatre-vingt-dix-neuf

- 70부터 79까지는 60진법을 사용합니다. 그래서 [60+(남은 숫자)]로 말합니다.
- 80부터 99까지는 20진법을 사용합니다. 그래서 [4x20+(남은 숫자)]로 말합니다.
- 21, 31, 41, 51, 61, 71은 et(그리고)를 이용해서 숫자를 연결합니다.

❸ 100 이상

🎧 5_01_3.mp3

100	썽 cent	200	드 썽 deux cent	300	트화 썽 trois cent
101	썽 앙 cent un	201	드 썽 앙 deux cent un	301	트화 썽 앙 trois cent un
102	썽 드 cent deux	202	드 썽 드 deux cent deux	302	트화 썽 드 trois cent deux

❹ 1000 이상

🎧 5_01_4.mp3

1000	밀 mille	2000	드 밀 deux mille
1924	밀 너프 썽 방 꺄트흐 mille neuf cent vingt-quatre	2024	드 밀 방 꺄트흐 deux mille vingt-quatre

❺ 숫자 관련 중요 표현 - 나이

🎧 5_01_5.mp3

나이 말하는 법

OO살 입니다.	J'ai OO ans.[제 OO 엉]

예를 들어 이렇게 말해요.

A : Quel âge avez-vous ? [껠 아즈 아베-부] 몇 살이세요?

B : J'ai 21 ans. [제 방떼 아넝] 21살이요.

J'ai 30 ans. [제 트헝떵] 30살이요.

J'ai 43 ans. [제 꺄헝 뜨화정] 43살이요.

❻ 숫자 관련 중요 표현 - 돈

🎧 5_01_6.mp3

프랑스는 유로화(€)를 사용합니다. 유로 지폐와 동전은 아래와 같이 읽습니다.

지폐

100 €	50 €	20 €	10 €	5 €
cent euros 썽 으호	cinquante euros 쌍껑뜨호	vingt euros 방 으호	dix euros 디즈호	cinq euros 쌍끄호

- 200유로와 500유로 지폐도 있지만 일상적인 거래에서는 거의 사용되지 않습니다.

동전

2 €	1 €	0.50 €	0.20 €
deux euros 드즈호	un euro 앙느호	cinquante centimes 쌍껑뜨 썽띰	vingt centimes 방 썽띰
0.10 €	0.05 €	0.02 €	0.01 €
dix centimes 디 썽띰	cinq centimes 쌍끄 썽띰	deux centimes 드 썽띰	un centime 앙 썽띰

- 1유로 미만의 작은 단위는 centime[썽띰]이라고 불러요.

02 날짜

프랑스에서는 **요일 → 일 → 월 → 년도** 순서로 말합니다.

Ex C'est le vendredi 26 juillet 2024. 금요일 26일 7월 2024년입니다.

❶ 요일

🎧 5_02_1.mp3

월요일	화요일	수요일	목요일	금요일
lundi 랑디	mardi 마흐디	mercredi 메크흐디	jeudi 쥬디	vendredi 벙드흐디
토요일	**일요일**	**평일**	**주말**	**휴일**
samedi 쌈디	dimanche 디망쉬	jour de semaine 주흐 드 쓰멘	week-end 위껜드	jour férié 쥬흐 페히에

- 요일 앞에 le[르]를 붙이면 '매주 O요일'이라는 뜻이 됩니다.(Ex le dimanche [르 디망쉬] 매주 일요일)

❷ 월

🎧 5_02_2.mp3

1월	2월	3월	4월	5월
janvier 졍비에	février 페브히에	mars 마쓰	avril 아브힐	mai 메
6월	**7월**	**8월**	**9월**	**10월**
juin 쥬앙	juillet 주이예	août 우뜨	septembre 쎕떵브흐	octobre 옥떠브흐
11월	**12월**	**프랑스 여행하기 좋은 달**		
novembre 노벙브흐	décembre 데썽브흐	**추천** : 봄(4월~6월), 가을(9월~10월) **비추천** : 여름 휴가 시즌(7월~8월), 겨울(11월~2월) * 스키 여행을 하는 경우, 겨울도 좋습니다!		

03 **시간**

❶ 시간 말하는 법

🎧 5_03_1.mp3

OO시 입니다.	Il est OO heure(s). [일레 OO 어흐]

프랑스에서 시간을 얘기할 때에는 공식적으로 24시간 형식(예: 18시)으로 말하고,
일상적으로는 12시간 형식으로 말하는 경우가 많아요. 12시간 형식으로 얘기할 때에는
아래의 말을 붙여서 오전이나 오후를 알 수 있게 하는 것이 좋아요.

오전 (1~12시)	du matin 듀 마땅	오후 (12~18시)	de l'après-midi 드 라프헤-미디	밤 (18시~24시)	du soir 듀 수아

예를 들어 이렇게 말해요.

A : Il est quelle heure ? [일레 껠 어흐] 지금 몇 시예요?

B : Il est 13 heures 5. [일레 트헤즈 어흐 쌍끄] 13시 5분이요.

　　Il est 1 heure du matin. [일레 윈 어흐 듀 마땅] 오전 1시요.

　　Il est 3 heure de l'après-midi. [일레 트화 제흐 드 라프헤-미디] 오후 3시요.

　　Il est 10 heures du soir. [일레 디저흐 듀 수아] 밤 10시요.

❷ 시간대 표현

🎧 5_03_2.mp3

그저께	어제	오늘	내일	모레
avant-hier 아벙띠에흐	hier 이에흐	aujourd'hui 오주흐디	demain 드망	après-demain 아프헤-드망

하루 종일	매일	정오(12시)	자정(24시)
toute la journée 뚜뜨 라 주흐네	tous les jours 뚤레 주흐	midi 미디	minuit 미뉴이

04 색깔과 사이즈

🎧 5_04.mp3

쇼핑을 할 때 필요한 색깔과 사이즈 관련 단어도 알아봅시다.

색깔

흰색	검은색	회색	파란색	초록색
blanc 블렁	noir 누아흐	gris 그히	bleu 블루	vert 베흐
빨간색	**노란색**	**갈색**	**분홍색**	**보라색**
rouge 후즈	jaune 존느	marron 마홍	rose 호즈	violet 비올레

(참고) 의류/신발 사이즈 표

옷	여성복	남성복
XXS	34	-
XS	36	40
S	38	42
M	40	44
L	42	46
XL	44	48

신발			
220mm	35	250mm	38
225mm	35.5	255mm	38.5
230mm	36	260mm	39
235mm	36.5	265mm	39.5
240mm	37	270mm	40
245mm	37.5	275mm	40.5

- 사이즈는 브랜드마다 다를 수 있으니 참고하세요.
- 신발 사이즈를 말할 때, 반사이즈(.5)는 "뿌앙 쌍끄"라고 읽으면 됩니다.
  - **Ex** 36.5 [트헝-씨스 뿌앙 쌍끄] trente-six point cinq

05 **반의어**

🎧 5_05.mp3

~와(과) 함께	아벡 avec	⟷	~없이	썽 sans
위	오 haut	⟷	아래	바 bas
앞	드벙 devant	⟷	뒤	데히에 derrière
오르다	몽떼 monter	⟷	내리다	데썽드흐 descendre
가다	알레 aller	⟷	오다	브니 venir
좋은	봉 bon	⟷	나쁜	모베 mauvais
옳은	꼬헥트 correct	⟷	틀린	포 faux
비싼	셰흐 cher/chère	⟷	싼	빠 셰흐 pas cher/chère
큰	그헝(드) grand(e)	⟷	작은	쁘띠(뜨) petit(e)
일찍	또 tôt	⟷	늦은	따흐 tard
짧은	꾸흐(뜨) court(e)	⟷	긴	롱(그) long(ue)
빠른	하삐드 rapide	⟷	느린	렁(뜨) lent(e)
새로운	누보/누벨 nouveau/nouvelle	⟷	오래된	비으/비예이으 vieux/vieille
깨끗한	프호프흐 propre	⟷	더러운	쌀 sale
조용한	깔므 calme	⟷	시끄러운	브휘엉(뜨) bruyant(e)
쉬운	파실 facile	⟷	어려운	디피씰 difficile
뜨거운	쇼(드) chaud(e)	⟷	차가운	프화(드) froid(e)

· 괄호가 있거나 표현이 두 개인 경우는 두 번째 표현이 여성형입니다.

바로 찾아 빨리 쓰는 여행 단어 index

94

금연
interdiction de fumer
[앙떼흐디씨옹 드 퓨메]

급한
pressé
[프헤쎄]

기다리다
attendre
[아떵드]

길
rue
[휘]

ㄴ

나가는, 도시 외곽 행
sortante
[쏘떵뜨]

남쪽으로 가는
direction sud
[디헥시옹 쓔드]

내리다
descendre
[데썽드흐]

냅킨
serviette
[쎄흐비에뜨]

냉장고
réfrigérateur
[헤프히제하터흐]

ㄷ

다리, 교량
pont
[뽕]

다리미
fer à repasser
[페 아 흐빠쎄]

담요
couverture
[꾸벡뚜흐]

대기실
salle d'attente
[쌀 다떵뜨]

대기자 명단
liste d'attente
[리쓰뜨 다떵뜨]

대로
avenue
[아브뉴]

대사관
ambassade
[엉바싸드]

대성당
cathédrale
[까떼드할]

더 작은 사이즈
taille plus petite
[따이 쁠루 쁘띠뜨]

더 큰 사이즈
taille plus grande
[따이 쁠루 그헝드]

(식은 음식을) 데우다
chauffer
[쇼페]

도난 신고
signaler un vol
[씨니아레 앙 볼]

도둑
voleur
[볼러]

도로
route
[후트]

도착 시간
heure d'arrivée
[어흐 다히베]

돈을 내다
payer
[뻬예]

두통
mal de crâne
[말 드 크란]

뒤에
derrière
[데히에]

뒤쪽 좌석
siège arrière
[씨에즈 아히에]

등록된
inscrit
[앵스크히]

따뜻한 물수건
serviette chaude
[쎄흐비에뜨 쇼드]

땅콩
cacahuète
[까까우에뜨]

떠나다, 출발하다
partir
[빠띠]

ㄹ
레드 와인
vin rouge
[벵 후즈]

레모네이드
limonade
[리모나드]

리모콘
télécommande
[뗄레껑멍드]

ㅁ
막차
dernier bus/train
[데흐니에 뷰쓰/트항]

맛있는
délicieux
[델리슈]

매운
épicé
[에삐쎄]

매표소
guichet
[기셰]

맥주
bière
[비에]

머무르다
rester
[헤스떼]

먹다, 마시다
manger, boire
[멍제, 봐흐]

멀미
nausée
[노제]

메뉴
menu
[므뉴]

면, 국수
nouilles
[누이]

목 아픔
mal de gorge
[말 드 고흐즈]

목걸이
collier
[꼬리에]

목이 마른
avoir soif
[아봐 쏘프]

목적지
destination
[데쓰띠나씨옹]

무게 초과
excès de poids
[엑쎄 드 뽜]

무료
gratuit
[그하뛰]

물티슈
lingette
[랑쪠뜨]

미술관, 박물관
musée
[뮤제]

ㅂ
바다 전망
vue sur mer
[뷔 쒸흐 메흐]

반납하다
rendre
[헝드흐]

반지
bague
[바그]

밥
riz
[히]

방을 청소하다
nettoyer la chambre
[네뜨예 라 셩브]

방해하다
déranger
[데헝제]

방향
direction
[디헥시옹]

배낭
sac
[싹]

버스 정류장
station de bus
[쓰따씨옹 드 뷰쓰]

베게
oreiller
[오헤예]

병원
hôpital
[오삐딸]

보안 검색
contrôle sécurité
[꽁트홀 쎄뀨히떼]

보조 배터리
chargeur externe
[샤흐저 엑쓰뗀]

보증금
caution
[꼬씨옹]

보험
assurance
[아쓔헝쓰]

복도
couloir
[꿀라]

볼펜
stylo
[쓰띨로]

부러진
cassé
[까쎄]

비상구
sortie de secours
[쏘띠 드 쓰꾸]

비어있는(방)
libre
[리브흐]

비우다
vider
[비데]

빈 택시
taxi libre
[딱시 리브흐]

빌리다
emprunter
[엉프항떼]

빨래
lavage
[라바즈]

ㅅ
사용 중
occupé
[오뀨뻬]

사이즈
taille
[따이]

사진을 찍다
prendre en photo
[프헝드 엉 포토]

산책
promenade
[프호므나드]

산
montagne
[몽따뉴]

색깔
couleur
[꿀러]

샐러드
salade
[쌀라드]

생년월일
date anniversaire
[다뜨 아니베쎄]

생선
poisson
[뽜쏭]

서류
document
[도뀨멍]

선글라스
lunettes de soleil
[루네뜨 드 쏠레이]

선물 포장
emballage cadeau
[엉발라쥬 꺄도]

선물
cadeau
[꺄도]

설탕
sucre
[슈크흐]

세관
douane
[두완]

세관 신고서
déclaration douane
[데끌라하씨옹 두완]

세일
soldes, promotion
[쏠드, 프호모씨옹]

세제
détergent
[데떼흐정]

세탁기
machine à laver
[마신 아 라베]

세트 메뉴
formule
[포뮤르]

셔틀 버스
navette bus
[나베뜨 뷰쓰]

소고기
bœuf
[뵈프]

소매치기
pickpocket
[삑뽀껫]

소방서에 전화하다
appeler les pompiers
[아쁠레 레 뽕삐에]

속옷
sous-vêtement
[쑤 베트멍]

쇼핑몰
centre commercial
[썽트 꼬메샬]

수리
réparation
[헤빠하씨옹]

수술
opération
[오뻬하씨옹]

수영복
maillot de bain
[마요 드 방]

수영장
piscine
[삐씬]

수프
soupe
[쑵]

숙소 주소
adresse logement
[아드레쓰 로쥬멍]

숟가락
cuillère
[뀌예흐]

술안주
accompagnement alcool
[아꽁빠뉴멍 알꼴]

슈퍼마켓
supermarché
[수뻬흐막셰]

스튜어디스
hôtesse
[오떼쓰]

승강장
plateforme
[쁠라트폼]

승객
passager
[빠싸제]

시간표
horaires
[오헤흐]

시내, 도시 중심부
centre-ville
[썽트-빌]

시내행
entrant
[엉트헝]

시장
marché
[막셰]

식사용 테이블
table de repas
[따블르 드 흐빠]

신발을 벗다
enlever les chaussures
[엉르베 레 쇼쑤흐]

신분증
carte d'identité
[꺅뜨 디덩띠떼]

신호등
feu de circulation
[프 드 씨흐끌라씨옹]

실내화
chaussures d'intérieur
[쇼쑤흐 당떼히어흐]

심사관
inspecteur
[엥쓰뻭떠]

쓰레기통
poubelle
[뿌벨]

ㅇ

아이스크림
glace
[글라쓰]

아침 식사
petit déjeuner
[쁘띠 데쥬네]

안내인
concierge
[꽁씨예즈]

안전벨트
ceinture de sécurité
[쌩뜌흐 드 쎄뀨히떼]

앞에
devant
[드벙]

앞쪽 좌석
siège avant
[씨에즈 아벙]

야채
légumes
[레귬]

약국
pharmacie
[파흐마씨]

약
médicament
[메디꺄멍]

양
quantité
[껑띠떼]

에피타이저
apéritif
[아뻬히티프]

여권
passeport
[빠쓰뽀]

여정표
itinéraire
[이띠네헤흐]

여행 보험
assurance voyage
[아슈헝쓰 봐야즈]

여행 캐리어
valise
[발리즈]

여행사
agence de voyage
[아졍쓰 드 봐야즈]

연락처
coordonnées
[꼬올도네]

영수증
ticket
[띠께]

예상 도착 시각
heure d'arrivée estimée
[어흐 다히베 에쓰띠메]

예약하다
réserver
[헤제흐베]

오늘의 메뉴
menu du jour
[므뉴 듀 쥬흐]

온도
température
[떵뻬하뜌]

옷
vêtements
[베트멍]

옷걸이
cintre
[쌍트흐]

와이파이
Wi-Fi
[위피]

왕복 티켓
un billet aller-retour
[앙 비예 알레 흐뚜]

외국인
étranger
[에트헝제]

요금
prix, montant
[프히, 몽떵]

욕조
baignoire
[베놔흐]

우산
parapluie
[빠하쁠뤼]

우유
lait
[레]

운동화
baskets
[바쓰껫]

운영시간
heure d'ouverture
[어흐 두베뚜흐]

운행하지 않음
hors service
[오흐 쎄흐비스]

은행
banque
[벙크]

음료
boisson
[봐쏭]

의사에게 진료받다
voir un médecin
[부아 앙 메드쌍]

이륙하다
décoller
[데꼴레]

이름
prénom
[프헤농]

이용 가능한
valide
[발리드]

입구
entrée
[엉트헤]

입어보다, 써보다
essayer
[에쎄예]

입장료
prix d'entrée
[프히 덩트레]

ㅈ

자리에 앉다
s'asseoir
[싸쑤와]

작동하지 않다
ne marcher pas
[느 마셰 빠]

작성하다
remplir
[헝쁠리]

전자 항공권
billet électronique
[비예 엘렉트호니끄]

전자레인지
micro-ondes
[미크로 옹드]

점심 식사
repas de midi
[흐빠 드 미디]

접시
assiette
[아시에뜨]

젓가락
baguette
[바게뜨]

정각에
à l'heure
[아 러흐]

정장
costume
[꼬쓰뜜]

좌석
siège
[씨에즈]

주문하다
commander
[꺼멍데]

줄을 서다
faire la queue
[페 라 끄]

지갑
portefeuille
[뽀뜨퍼이]

지도
carte
[꺌뜨]

지정석
chaise désignée
[셰즈 데지니에]

지폐
billets
[비예]

지하철 노선도
carte de métro
[꺌뜨 드 메트호]

지하철역
station de métro
[쓰따씨옹 드 메트호]

직원
employé
[엉쁠롸예]

짐
bagage
[바가즈]

(맛이) 짠
salé
[쌀레]

ㅊ
차를 빌리다
emprunter une voiture
[엉프항떼 윈 봐튜흐]

착륙하다
atterrir
[아떼히]

창가 좌석
siège côté fenêtre
[씨에즈 꼬떼 프넷]

채소
légumes
[레귬]

첫차
premier bus/train
[프흐미에 뷰쓰/트랑]

출구
sortie
[소띠]

출국
départ
[데빠흐]

출입 금지 구역
accès interdit
[악쎄 앙떼흐디]

취소
annuler
[아뉠레]

층
étage
[에따쥬]

치즈
fromage
[프호마쥬]

침대 시트
drap de lit
[드하 드 리]

ㅋ
카드번호
numéro de carte
[뉴메호 드 꺅뜨]

칼
couteau
[꾸또]

ㅌ
탑승 게이트
porte d'embarquement
[뽀뜨 덩바끄멍]

탑승 시간
heure d'embarquement
[어흐 덩바끄멍]

탑승권
carte d'embarquement
[꺅뜨 덩바끄멍]

테이크 아웃
à emporter
[아 엉뽁떼]

토하다
vomir
[보미]

튀긴
frit
[프히]

팁
pourboire
[뿌봐]

ㅍ
편도
un aller simple
[앙 알레 쌩쁠]

편명
numéro de vol
[뉴메호 드 볼]

포함된
compris
[꽁프히]

프린트하다
imprimer
[앙프히메]

필요하다
besoin
[브좡]

ㅎ
학생증
carte d'étudiant
[꺅뜨 데뚜디엉]

한국 음식
cuisine coréenne
[뀌진 꼬헤엔]

한국인
coréen(ne)
[꼬헤앙/꼬헤엔]

할인 쿠폰
coupon de réduction
[꾸뽕 드 헤둑시옹]

할인 티켓
billet en promotion
[비예 엉 프호모씨옹]

해산물
fruits de mer
[퓌 드 메흐]

향수
parfum
[빠흐팡]

헤드폰
écouteurs
[에꾸떠]

헬스장
salle de gym
[쌀 드 짐]

현금
espèces
[에쓰뻬스]

호텔 프런트
accueil hôtel
[아꺼이 오뗄]

혼자 여행하다
voyager seul
[봐야제 썰]

화이트 와인
vin blanc
[방 블렁]

화장실
toilettes
[뚜왈레뜨]

화재
incendie
[앙썽디]

확인하다
vérifier
[베히피에]

환불
remboursement
[헝부쓰멍]

환승
transfert
[트랑스페흐]

환전소
bureau de change
[뷰호 드 샹즈]

횡단보도
passage piéton
[빠싸쥬 삐에똥]

후식
dessert
[데쎄흐]

휴대전화 충전기
chargeur téléphone
[샤흐저 뗄레폰]

연휴, 휴가
vacances
[바껑스]

흡연실
coin fumeur
[꽝 퓨머]

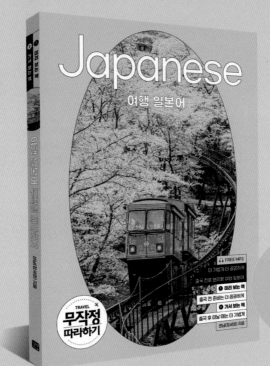

무조건 쓸 수 있는 **장소별 표현**

★ **기본 공식** ★

안녕하세요. 원하는 것 부탁합니다.
[봉쥬흐. , 씰 부 쁠레]
Bonjour. , s'il vous plaît.

카페에서

빵집에서

카페 알롱제* 부탁합니다.
[까페 알롱제, 씰 부 쁠레]
Café allongé, s'il vous plaît.

* 아메리카노랑 가장 비슷한 커피 메뉴예요.

너무 굽지 않은 바게트* 한 개 부탁합니다.
[윈 바게뜨 빠 트호 뀌뜨, 씰 부 쁠레]
**Une baguette pas trop cuite,
s'il vous plaît.**

* 겉은 바삭하고 속은 촉촉한 바게트를 받을 수 있어요.

식당에서

메뉴판 부탁합니다.
[르 므뉴, 씰 부 쁠레]
Le menu, s'il vous plaît.

이거 부탁합니다.
[즈 부드헤 싸, 씰 부 쁠레]
Je voudrais ça, s'il vous plaît.

무엇을 추천하시나요?
[부 므 꽁쎄예 꽈]
Vous me conseillez quoi ?

계산서 부탁합니다.
[라디씨옹, 씰 부 쁠레]
L'addition, s'il vous plaît.

쇼핑할 때

이거 입어(써)봐도 될까요?
[쀠-즈 에쎄예 싸]
Puis-je essayer ça ?

얼마예요?
[쎄 꽁비앙]
C'est combien ?

해외여행 경험이 부족해도,
프랑스어에 자신 없어도!
이 책 한 권이면
자신 있게 떠난다!

STEP 1
출국 2주 전

**여행 프랑스어가
궁금하다!**

미리 보는 책을 펼친다.
2주만 공부해도 패턴과
실제 상황을 학습하고
더 완벽한 여행을 할 수
있다!

STEP 2
출국 1일 전

**내게 꼭 필요한
프랑스어만 골라보자!**

가서 보는 책을 펼친다.
전체적으로 훑어보며 자
주 쓸 표현을 표시해 두
거나 스마트폰으로 캡처
해서 여행 시 바로 찾을
수 있게 해둔다!

STEP 3
드디어 출국!

**<가서 보는 책>과
함께!**

가서 보는 책만 가방에
쏙! '한글발음표기'가 있
어서 어떤 상황에서도 당
황하지 않고 콕 집어 말
할 수 있다!

#여행프랑스어 #프랑스여행 #생존표현 #무따기한권이면
#해외여행준비끝 #여행프랑스어무작정따라하기